安 徽 省 十 一 五 规 划 教 材

CIS DESIGN

CIS设计

田恒权 田 健 著

合 肥 工 业 大 学 出 版 社

图书在版编目(CIP)数据

CIS设计/田恒权，田健著.—合肥：合肥工业大学出版社，2010.8
ISBN 978-7-5650-0255-7

Ⅰ.①C… Ⅱ.①田… Ⅲ.①企业形象—设计 Ⅳ.①F270②J524

中国版本图书馆CIP数据核字（2010）第168153号

安徽省十一五规划教材
CIS设计
著 田恒权 田健 责任编辑 方立松

出 版	合肥工业大学出版社	开 本	889×1194 1/16
地 址	合肥市屯溪路193号	印 张	5.5
邮 编	230009	字 数	193千字
电 话	总编室：0551-2903038	发 行	全国新华书店
	发行部：0551-2903188	印 刷	安徽联众印刷有限公司
版 次	2010年9月第2版	网 址	www.hfutpress.com.cn
印 次	2012年1月第6次印刷	E-mail	press@hfutpress.com.cn

ISBN 978-7-5650-0255-7 定价：39.00元

序 言
FOREWORD

设计教育伴随着社会经济的增长而不断地提出新的要求。符合知识经济时代的需求，强调设计具有国际化视野、中国传统文化的特色，是我们今天的工作中心和培养目标。

设计艺术已进入多元化的发展时期，如何更好地搞好设计学科建设，突出教学特色，具有创新意识、宽泛的知识结构和坚定的市场服务意识，是今天我们教育的社会使命和责任。可喜的是，这套由安徽工程大学艺术设计系组织编写的现代艺术设计丛书的出版，结合大量的教学成果，不仅能理论联系实际，而且强调创新意识与工作能力培养相结合，无疑对今天的设计教育发展起到促进作用。

教材建设工作是我们积极配合教育部精品课程建设的一个举措，也是一项较艰难的系统工程，我们要给予关心和鼓励，从理论和学术上给予切实的帮助。没有理论的支撑，就无法进行深度研究，更谈不上创造；没有新的观念、新的思维和新的举措，设计教育将失去导向。

德国卡塞尔大学哥哈特·马蒂亚斯在考察中国设计教育时留下了这么一句话："中国设计艺术类的学生是世界上最有希望的一代，因为这个潜在的市场为他们提供了一个巨大的舞台……"中国的设计艺术教育要在五千年文化和艺术历史的基础上形成自己的教育体系，我们应该思考这个问题。希望我们更多的人来参与中国特色的设计教育理论的研究，不断地思索，认真去做，使我国的设计学科更加成熟，为培养创造性的人才作出自己的贡献。

同济大学　林家阳教授

目 录
Contents

前言
FOREWORD

六年多前，在师友的鼓励和支持下，我撰写了第一本书——《CIS设计》，先后面向全国发行并进入高校课堂，也深受读者和师生们的欢迎，书中有些章节还被同类教科书多次引用、借鉴，当然也有许多不足。

在中国，CIS设计经历了由院校走向市场，再从市场回到课堂，经历了从理论到实践和不断创新过程。教学本身是为社会服务的，而社会实践又拓宽了教学层面，并促进教学逐步走向完善。为此，我一直将全部心智融入这一系统工程的研究和实践中，并将此心得整理成书，愿与广大读者共勉。

当今，图书市场上的设计书籍空前繁荣，其中，精美的图录式专业书籍甚多，理论分析内容较少。特别是理论与实践相结合，由设计者现身说法，由具有教学经验人引导分析的书比较少。因此，这次再版最大亮点就是增加师生的实践作品，目的就是将CIS设计贴近生活，走进市场，亦为创立新的教学体系探求路径。

中国改革开放的进程也带动了中国设计的发展。跨入21世纪，中国现代设计运动的浪潮风起云涌，与当代文化艺术一起走进中国文艺复兴时代。设计师应检视过往的足迹，深入思考新观念、新思维，亦不忘从生活与传统文化中汲取养分，从而再度出发，在实践中建立现代设计的新面貌，这也是时代赋予我们的责任。

应该说，中国的设计由学习和模仿的时代进入了创新时代，作为本书的作者，有责任根据教学和读者需求，定期调整和补充内容，增加信息量，同时也希望读者可以在不同的层面上理解设计的本质和精神。本书相当一部分资料、图片是多年教学的积累，其中也有自己的作品，意在抛砖引玉，尚待更多的同行、学者指正。

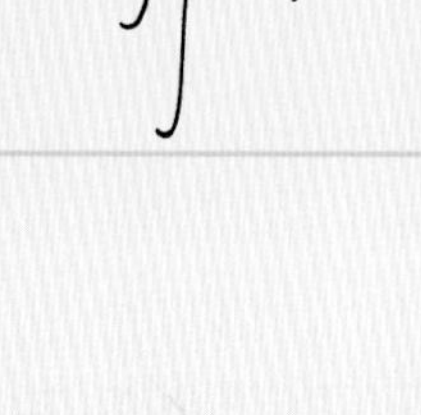

第一章

CIS基本理论

第一节　CIS的意义、功用、特点

第二节　CIS的形成与发展

第三节　CIS构成要素分析

第一节　CIS 的意义、功用、特点

CI，也称CIS，是英文Corporate Identity System的缩写,可释为企业（团体）统一化系统。因此，有人将CI战略又称为CIS战略，比较准确的翻译叫做“企业识别系统”。国外一些CI设计专家认为，CI中的Identity的用法源于美国社会心理学界提出的“社会身份”的概念，这与CI识别体系的实际意义一脉相承。当代美国首屈一指的朗涛CI设计公司与日本合办的朗涛——日本“博报堂”公司董事长深见幸男对CI的解释为：根据个人所具有的不同社会群体的成员资格而作出的自我确定；由社会群体决定的个体身份又反映了个体的人格特征、身体特点和人际风格。可见CI的最终目的就是向社会传播这种标准化的企业“个性”，并求得到公众的认可，以便获得更多的市场份额和发展空间。（图1-1至图1-4）

一、CIS的意义

CIS企业形象识别系统是现代企业经营管理的战略手段，是社会生产力发展到一定时期的产物。当今社会生产力水平已发展到产品同质化的时代，企业通过市场行销手段来进行市场竞争。而当产品同质化与市场行销竞争白热化的时候，消费者已无法从产品的质量和行销力中明显辨出企业或产品的优势，这时企业就需要用新的竞争形式来有别于其他企业，以便更好地抢占市场更高的份额。在这种情况下CIS战略便是企业进行经营管理的重要手段。

企业导入CIS，首先要完成经营过程中经营观念和经营战略的统一，对内实现经营管理行为的规范化、标准化，对外树立良好的企业整体形象品牌，这对于企业占领消费市场、提升企业形象力和经济效益无疑将起到润滑的作用。因此，谁拥有优秀的CIS设计，谁就拥有抢占市场的至关重要的条件。当今，企业导入CIS的经济与社会意义在于：

（1）能明确企业经营和发展战略，发挥企业技术，确立产品的营销策略优势，实现企业内部资源的合理配置。

（2）通过CIS的统一化设计，有利于理顺和调整企业的内部结构，确保企业内部管理的高效运营。

（3）导入CIS，能保持品牌推进的延续性、系列性及规范性，同时始终保持着高起点和时代性，为企业可持续发展奠定基础。

（4）导入CIS，有利于媒体的传播，同时减少单项设计的时间和开支。（图1-5耿老五酒楼形象识别系统/设计：田恒权）

（5）导入CIS，能激励员工士气，改善员工工作意识；明确地细化、量化工作责任，提高员工的工作效率和整体素质。（图1-6）

图1-1　中国电信

图1-2　中国电信

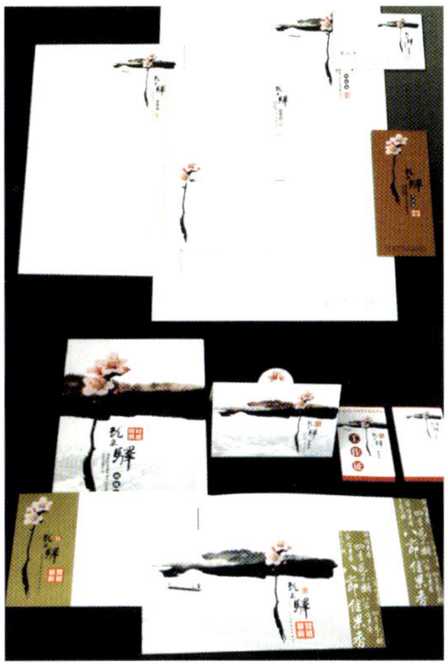

图 1-3　成都市龙泉驿区政府 / 设计：袁点

图 1-4

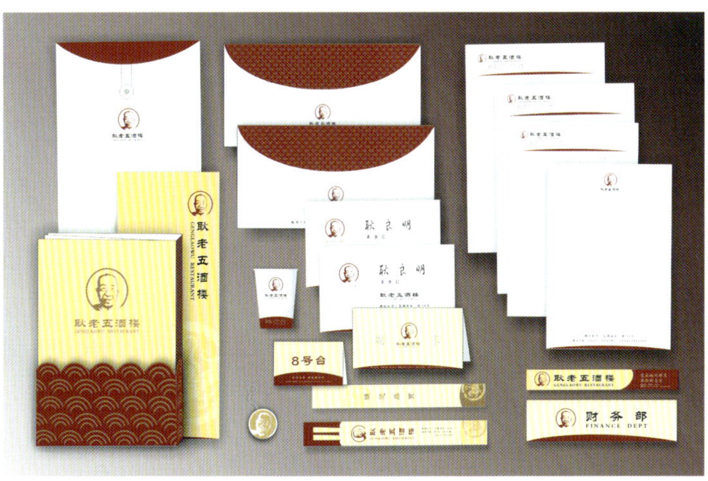

图 1-5　耿老五酒楼形象识别系统 / 设计：田恒权

图 1-6

因此，CIS是企业的发展目标，是企业把自己整体向前推进的重要创举，也是企业与国际接轨的重要改革；同时，企业导入CIS也就是把企业划为与别人不同的实体。如“这就是我！”一样。明确地主张自我，展示自我。这就是CIS本质中最为基本的法则及其意义所在。

二、CIS的功用

进入21世纪的今天，CIS设计已经渗透到人类生活的各个角落，从欧美到亚洲，CIS设计已成为各国进行文化宣传和生活质量比较的重要因素，更是企业创建品牌，拓展市场的有力武器。

对于CIS的功用，企业界有不同的看法和认识。通过近年来的实践和调查可知，一部分企业经营者仅把CIS投资看成是企业建设的一项必要消费，而没有把它视为企业的无形资产。通常情况下，企业一般比较注重产品质量与产品销售，易忽视企业的形象塑造。从科学管理的

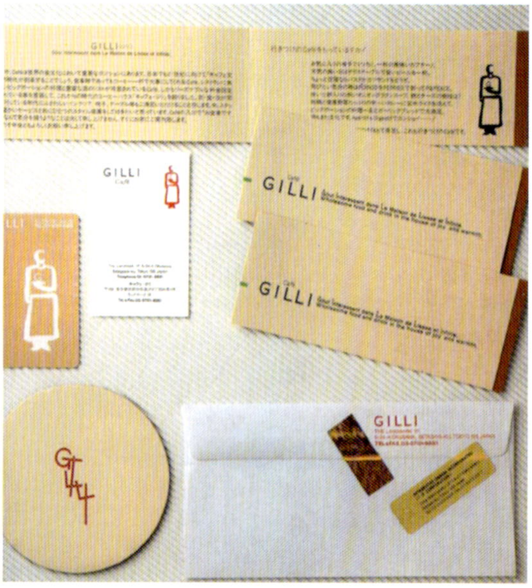

图 1-7

图 1-8

角度来讲，产品品质是核心，形象是基础，销售是关键。只有在高品质的产品和优良企业形象的前提下，销售才能有新的突破，企业才能保持旺盛的生命活力。在这方面，上个世纪日本企业做得比较完善。（图1-7）

当今世界经济的发展，已经进入企业形象和品牌竞争的时代。特别是中国加入世贸组织以后，国际上一些著名品牌抢占中国市场的步伐加快，国内众多企业的生存和发展空间受到了前所未有的挑战。因此，在这种形势下，我们的企业以怎样的姿态去接受并赢得这场挑战，已成为政府、企业以及社会各界所共同关注的问题。（图1-8）

曾有远见的经济学家说："优异不凡的企业品牌是一张纵横世界市场的通行证"。从国际一些大企业的发展经验来看，大都是通过代表自已产品质量、信誉的品牌来抢占市场。对此，CIS在创立、塑造企业品牌中的重要作用不能低估，应深信不疑。今天的中国人对可口可乐的形象可能再熟悉不过了，无论有多少种品牌饮料放在一起，人们都会毫不费力地将它从中挑出，它的品牌识别及影响力可谓世人皆知。有人说，假如有一天可口可乐在全世界的一些工厂被大火一夜烧光，也许第二天，全世界的银行家都会排队前往总部愿意给它贷款。这好像有点玄乎？但有眼光的企业家对此并不置疑，这是因为可口可乐的品牌价值（395.2亿美元）所致，是世界身价最高的品牌。排名第二的是万宝路，为330.20亿美元，雀巢公司为115.49亿美元，柯达胶卷为100.20亿美元，摩托罗拉公司为92.93亿美元，吉列刀具为82.18亿美元，惠普公司为69.96亿美元，英特尔公司为64.80亿美元，百事可乐为49.39亿美元……，这些知名企业的巨额无形资产，都是企业通过数年的艰苦努力以及对品牌的投资打造所获得的。上个世纪70年代，"可口可乐"就以全新的企业标志为核心，整体导入CIS战略，实现了统一化的企业识别设计，从此带来了视觉形象的强烈冲击，进一步升华了企业形象并为世人所瞩目，同时也为全球企业树立了光辉的典范。（图1-9）（图1-10）（图1-11）（图1-12）（图1-13）（图1-14）（图1-15）（图1-16）（图1-17）（图1-18）

著名华裔物理学家杨振宁和著名德国哲学家沃尔夫冈·韦尔施几乎在同一时期预言"21世纪将是设计的世纪"。原全国科协主席，中国科学院院长周光召在《中国CI实战丛书》的题词中这样写到："实施CI战略，跨

图 1-9

图 1-10

图 1-11

图 1-12

图 1-13

图 1-14

图 1-15

图 1-16

图 1-17

图 1-18

图 1-19　辽宁盘锦建设投资有限责任公司形象识别系统 / 设计：田恒权

入历史新阶段。”随着我国社会主义市场经济不断向纵深发展，市场竞争把每个企业推向如何生存，如何在生存中求发展的前沿？这就需要我们去寻找一种“灵丹妙药”。作为外来的CIS战略体系将随着市场经济的深入发展而逐渐被国人认识、接受并渗入到中国企业的经营管理中，这将是中国企业走向市场、走向国际的重要标志。（图1-19）

CIS视觉识别系统，它的全案设计具有整体感、象征性、凝聚力和竞争意识。当然，这些功用的最终目标是帮助企业树立产品形象、企业形象；制定营销战略，提高消费者对企业的认识度，扩大企业在市场、社会中的占有率、知名度和影响力，推动企业健康地向前发展。

国际设计协会最新统计数字表明：在CIS设计中每投入1美元，便可获得277美元的收获。由于CIS设计投资小，效益高，所以被当今经济社会誉为“最时髦的竞争战略”。当然，每个企业还应该根据自己的实际情况，比如文化背景、产业属性等，科学、灵活地运用CIS战略体系，不可教条盲从，避免走入误区。（图1–20）（图1–21）（图1–22）

图 1–20

图 1–21

图 1–22

三、CIS的设计原则

“无规矩不成方圆”。CIS设计也要讲规矩，讲原则，设计师应严格遵循CIS的运作规律和设计原则，结合实践，灵活把握。究其原则大致有以下几类：

（一）同一原则

所谓同一原则，就是企业形象设计的整体同一性。即理念识别、行为识别和视觉识别这三个组成部分的一致性。CIS战略策划实际上是战略制定与谋略设计，一切效果只能源于高度理性的调查与分析，源于设计师对企业的深入了解和认识。

古人云：“知己知彼，百战不殆”，缺乏充分的调查研究，缺乏对企业自身形象力的评判分析，CIS设计都将是非常平淡的，毫无意义的。正确的方法应当是首先关注理念的形成，这是项非常艰苦细致的工作。高度理性化的综合分析调查，往往需要投入大量的精力和时间。理念识别系统一旦确定，行为识别系统和视觉识别系统就必须以此为目标、为核心去分别细化设计。CIS设计的失误，往往是由MI、BI和VI三者之间缺乏同一性，从而造成公众对企业形象的理解困难，认识偏差或产生反感情绪。

企业形象识别系统中的MI、BI、VI三大识别的同一性如同人的心、脸和手一样，具有相互配合统一的协调作用，不可片面地顾及一点而失去全局。（图1–23）（图1–24）（图1–25）（图1–26）（图1–27）

（二）创新原则

CIS设计要遵循创新原则，创新的前提首先是观念突破，不可模式化、程序化设计，要给予公众新鲜感和时代气息，要体现企业个性和文化特质。驰名世界的美国麦当劳快餐店，在全世界有连锁店一万余家，统统采用

图 1-23

图 1-24

图 1-25

图 1-26

红底黄色的“M”字形标志，从店面装饰到营业用的包装纸袋、纸杯、餐巾、托盘等几乎所有物品上都醒目地标示给人们。由于设计新颖夺目，令人记忆犹新，留恋忘返。其实，麦当劳快餐店的成功设计在于对色彩及形象的提炼与突破。

当然，创新不仅仅体现在标志上，应该渗透在CIS的全部内容中。我们有些年轻设计师一做CIS设计，便一股脑钻进标志的创作里，好像完成了标志设计就基本大功告成。他们往往在比较短的时间里可能会拿出看似像样的整套方案，但你只要认真推敲一下，就能发现许多问题。要知道CIS设计是一个庞大的系统工程，既然是做工程就要有规划，就要有明确的设计目标和指导思想，哪怕是纸杯上一个小小的图形设计都要认真研究，全盘考虑，不可随心所为。

（三）个性鲜明原则

成功的CIS设计，一般都具有鲜明的个性特征。CIS设计最忌讳随波逐浪，人云亦云，所谓个性与企业形象的创新性有异曲同工之妙。设计师应当深入企业，充分调查研究，要从企业的产品、经营特征、企业文化等方面入手，以寻求企业形象开发的个性表现和支撑点，这可以说是CI的最根本的特征塑造，同时也是寻求一种形象差异。这种差异不仅体现在企业的视觉符号上，如商标、标准字、标准色、广告、招牌、徽章等方面，而且表现在企业的产品特点、经营风格、服务规范以及企业文化、企业战略上。如安徽芜湖港储运股份有限公司之所以用抽象的太阳、巨轮、水浪来塑造企业形象，而不是采用传统的铁锚图案，就是为了突出企业鲜明的个性及时代特征。

个性鲜明原则，除了要有一定文化内涵以外，还要具有创新意识。这如同做服装一样，如果你只注意到面料而忽略了款式，其结果不会令人满意。好作品需要设计师精心打造，同时也要求设计师要具备深厚的综合素质和设计经验，更需要辛勤的劳作和敬业精神。（图1-28）

（四）标准原则

首先，一个成功的CIS设计就应该具有标准性，整个系统的各个方面都有严格的使用规范标准；同时，有了一个标准化的CIS系统，还必须在整体上得到贯彻，实行标准化管理，如标准字、标准色、商标及标语的使用都应严格规范。因此，企业在导入CIS识别系统时也应得到企业员工的认同，自觉接受和实施CIS的具体规定，使CIS得到持续长久的标准实施。如果CIS本身设计不规范，或规范设计的CIS在使用时不规范，都会影响企业形象的“差别性”表现。一个成功的CIS不仅在于成功的设计，更重要的是标准化的实施管理，这是CIS设计中极为重要的环节。（图1-29）（图1-30）（图1-31）

图 1-29　钜钢机械公司

图 1-27

图 1-28

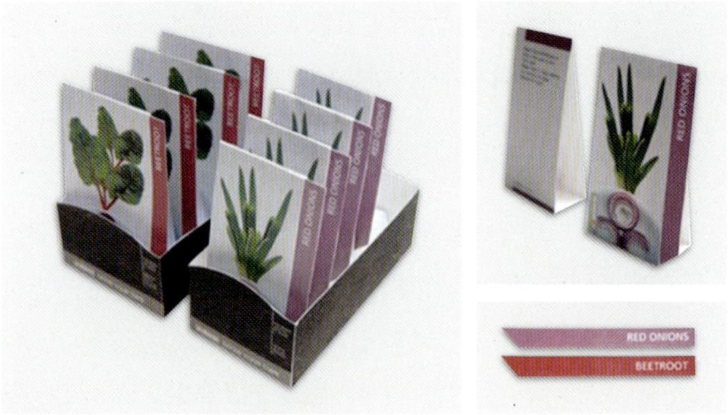
图 1-30

图 1-31

第二节 CIS 的形成与发展

CI的发展经历了一个较长的时期，最早可以追溯到中古时期（十六世纪），那时已具备了视觉识别的经营管理理念。当时CIS已作为企业形象识别形式进入工业社会，随着企业的大量出现及市场竞争的加剧而逐渐被企业引用为一种市场战略手段。上世纪初，随着经济的繁荣，一些企业开始有意识地使用商品标志。1907年，建筑界赫赫有名的建筑设计家培特·贝伦斯被聘为德国通用电器一无线电器公司（AEG）的设计顾问，当时他为该公司设计标志，并将公司标志印在信纸、信封等办公用品上，这可以看做是视觉识别设计的萌芽，也是世界上最早设计的视觉形象（即CIS视觉识别系统）的雏形或开端，但不能正式称之为CIS设计。（图1-32）（图1-33）

1936年，意大利工业设计师尼佐里（Macello Nizzoli）全权为意大利奥利维蒂牌打字机进行产品设计时，也为该产品制作了广告和建筑设计，随后该产品以鲜明的品牌形象赢得了国际市场。统一完整的公司形象，在公众心目中不再是单一的产品形象，而是树立起了富有个性的企业形象。奥利维蒂的成功对第二次世界大战后CIS的发展起到了较大的推动作用。由于战后国际经济逐步复苏，工商企业蓬勃发展，各行各业的营运范围日益扩大，经营者深感原有的企业形象已无法适应突飞猛进的企业时态，必需建立一套统一性、组织性及人格化的识别系统，以传达正确的企业信息，建立企业的个性风貌，塑造独特的经营理念，这也是当时众多企业为之奋斗的目标。

从20世纪50年代开始，CIS进入到实质性的设计和运作阶段，但是欧美一些先进国家最先引导了CIS发展的高潮。这些国家的大型企业纷纷导入CIS，并作为企业经营策略的有力工具。现代意义上的企业识别观念产生于美国。1950年，美国专业设计刊物《图案》杂志首次使用“Corporate Identity”这一术语。从此，企业识别成为企业经营管理必须实施的常规战略。在美国的CI发展过程中，有两家企业的CI实践具有历史意义，这就是IBM公司和可口可乐公司。（图1-34）（图1-35）

IBM公司的全称是International Business Machines Corp.，直译就是国际商用机器公司。该公司原来的标志是一个圆形图案，并标示了公司的上述英文全称。1952年，小托马斯·沃森接任其父任总裁一职，据说有一次，他听到推销员抱怨：国际商用机器公司的竞争对手OLIVETTI公司的说明书设计精美，而本公司的说明书粗陋难看，因而影响了产品的推销。于是他亲自参观了OLIVETTI公司的纽约展厅，看了这些极为美观整洁的展厅设计，受到极大刺激，深有感触地说：“凡人都有人格，这人格是由这个人的教养、思想、趣味、嗜好、信仰组成的，由此决定他的行为规范以及与这个人相适应的穿着和用品。这也就是个性识别（Personal Identity）。公司与人是一样的道理。”

于是，他主张生产尖端计算机的国际商用机器公司，不仅展厅的室内装饰要华贵精美，而且宣传品、广告推销材料也要采用先进的统一设计。在著名工业设计专家艾略特·诺伊斯的建议下，公司特聘当时美国最权威的设计家保罗·兰德与诺伊斯合作，重新设计企业名称与标志。诺伊斯认为，国际商用机器公司具有较强的开拓精神和现代意识，这些理念如果不被大众所了解就等于什么也没有！因此公司应该有意识地在消费者心目中留下一个具有视觉冲击力的形象标记，需要设计一个足以体现公司精神而富有个性的公司标志。他还明确指出，原公司标志是公司的全称，不易读写，难以记忆，这是公司形象传播的一大障碍，必须解决。1956年，由公司全称各词开头三个字母组成的新标志IBM问世，并展开使用在所有应用项目上。新标志一炮打响，至今仍享有盛誉，历久不衰。（图1-36）

具有“富可敌国“之称的IBM公司，在1956年导入CIS识别系统。艾略特·诺伊斯在当时IBM总经理的全力支持下，又替IBM发展出一套CIS管理系统。至今，IBM给人的印象是“组织制度健全、充满自信、永远走在电脑科技尖端”的国际公司。此为CIS开发成功最典型的范例。IBM的成功也揭示了在当代社会中标志设计的最基本原则，那就是“简明醒目”，而后很多大公司都沿用这

图 1-32

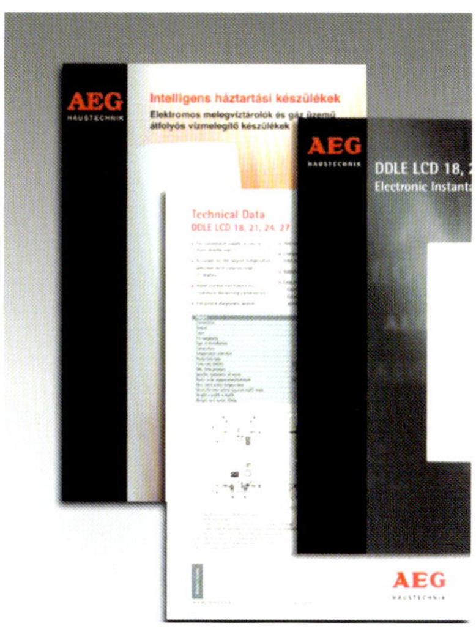

图 1-33

图 1-34

图 1-35

图 1-36

图 1-37

图 1-38

图 1-39

图 1-40

图 1-41

个原则设计他们的标志，如明尼苏达开采与制造公司（Minesota Mining & Manufacturing Company）大红的“3M”标志，麦当劳公司红底黄色的“M”标志，都堪称这方面的成功案例。（图1-37至图1-39）

可口可乐董事长迪克森曾说：“我不愿停留在传统的过去，而希冀在新鲜的未来。”1965年，主管营业销售部门的副总经理哈威和美国总公司副总经理暨品牌主管赫伯特两人在纽约第五街伊丽莎白·阿登（Elizabeth Arden）美容室讨论，决定把可口可乐塑造成“青年歌手”般的新形象，并酝酿形成了开发新形象的计划——“阿登计划”（Project Arden）。公司聘请美国著名的L&M公司为其CI策划，L&M公司经过市场调查，而后花费了几个月的时间，在数以百计的方案中选择了现在流行的新标志，正方形中配置Coca-Cola手写体标准字，并伴有缎带一样的线条。可口可乐标志具有强化红色与白色视觉对比的冲击力，富有韵律感与流动性。标志诞生后，随即进行应用设计要素的组合运用实验，经过三年的努力，1968年12月，新标志终于获得了公司决策层的认可通过。（图1-40至图1-43）

图 1-42

1969年10月可口可乐全美经销商、零售商代表等共七千多人汇集在迈阿密，举行以“风云际会在70年代”为主题的形象推广活动，正式推出可口可乐的新识别系统。在会上，公司散发以《迎新70年代》（Meet The 70's）为题的手册，说明可口可乐形象变更的原因，宣称70年代是风云际会的时代，是生活形态、价值观、个人志向等转变的时代，更是个More的时代。手册的扉页上以More为标题，预言70年代将是人口激增（More People）、收入提高（More money）、家庭中心化（More household）、休闲流行（More leisure）、年青人教育水平提高以至白领阶层扩散（More white Collar works:Younger better educated）、人口与都市密集（More mobility）、动荡加剧（More restlessness）的时代。声势浩大的形象推广活动，震惊了世界饮料界，掀起了导入CI的热潮。

这个被誉为“美国国民共有财产”的可口可乐公司，通过全面整体设计和修正并注入了视觉形象强烈的冲击力，令人耳目一新。可口可乐公司的CI推广可以说是美国70年代的代表作。公司实施CI的成功，不仅在于设计了一个有效的标志，更在于进行了有效的应用与传播。今天可口可乐标志深入人心，家喻户晓，这就是可口可乐案例给我们的启迪和深思。

可口可乐公司的成功也带动了CIS在美国迅速发展和普及。如美孚石油、西屋电器、远东航空、克莱斯勒汽车等一系列公司，均在这个时期完成了企业CIS形象体系的整合，期间还出现了许多CIS专业设计公司。（图1-44至图1-49）

20世纪50年代后的20年间，各国处于经济复苏的大环境中。70年代后，完成经济恢复的许多国家，尤其是

图 1-43

图 1-44　克莱斯勒汽车公司标志

图 1-45　美孚石油公司标志

图 1-46　上海大众汽车公司标志

图 1-47

图 1-48

图 1-49

亚洲的一些国家或地区的经济开始迅猛发展，国际竞争主流已由战场转向市场。许多企业经营规模日渐扩大，市场竞争也随之激化，跨国经营、集团经营、超市经营、专卖经营、连锁经营、特许经营以及上市经营方式的发展，促使许多企业纷纷注重本企业的形象塑造，在更新产品和经营方式的同时，为了提高知名度并巩固与拓展市场，不惜投入较大资金来开发和营造企业机构经营的形象力。

CIS企业形象设计是伴随着经济发展而发展，是经济文化的表现。

从1970年初到1990年初，日本、韩国、台湾、香港等国家和地区的企业界掀起了导入CIS企业形象热。其中包括服装业、食品业、饮料、房地产业、汽车业、百货业、金融业、交通业以至政府机构、城市形象等许多行业都进行CIS的规划和实施并取得明显的社会效应和经济收益。

作为技术强国的日本，其产品在世界市场具有很大的竞争力，不少日本企业及其品牌成为国际间具有高知名度的公司及品牌。这之间CIS形象战略的推波助澜无疑发挥了重要作用。如马自达（Mazda）公司、大荣公司、小岩井乳业、麒麟啤酒公司等。其中建伍（kenwood）公司、米其林（michelin）轮胎公司、普林司顿轮胎公司（Bridgestone），不仅是国际上公认的CIS典范，而且成为世界著名品牌。（图1-50至图1-56）就日本CIS内涵而言，较美国CIS丰富，不像美国那样偏重于视觉设计，属于MI和VI并重型的CIS计划，只是

图1-50　大荣公司

图1-51　马自达公司标志

图1-52　马自达公司标志

图1-53　小岩井标志

图 1-54　麒麟啤酒

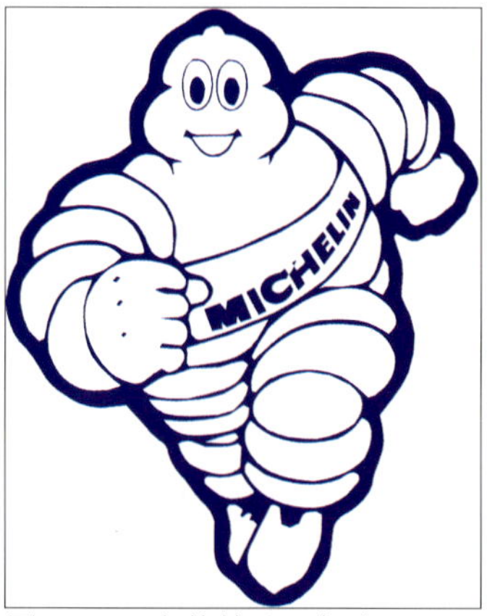

图 1-55　米其林公司标志

图 1-56　米其林公司标志

其所谓的“企业理念”是纯日本化的企业信条。比较明显的是，在注重视觉设计，并追求高水准的同时，日本CIS更注重在企业“文化”理念上做文章。大多追求制造某种与社会主题相关联的企业文化价值观念，作为企业经营理念，再透过视觉系统，传达到社会，让公众认知。换言之，日本型CIS是强调文化理念的CIS。最典型的日本式CIS理念之一，是八佰伴（电影《阿信》原形人物的儿子创办的主要经营百货连锁店的企业）的理念，其企业理念是“人无论贫富，都同样平等，所以到八佰伴花1元钱购物的人和花10万元购物的人都同样是人，要一律平等地感谢、奉承、提供亲切的服务。”该企业的CIS以此种“为钱而感谢顾客的哲学”训导员工，自觉地为顾客（持币人）提供优质服务，以谋取商业利润的增长。（图1-57）

日本型CIS的形成，究其原因，是其社会的民族属性所造成的。从社会心理角度分析日本人，作为一个领土狭窄的岛国居民，大凡有顾小图大的心理因素，对一般事情、平常事物往往夸张、加重。即使是在公司的名称上也可以看到中国、美国以至于全世界所少见的现象。如大日本油墨、大和证券、大和纺织、大荣百货、大洋渔业、大丸公司等数不尽的“自大”。因此，表现CIS的企业理念更多地着意“大”化，刻意拔高理念。这是日式的“自我推广”型理念模式形成的社会、地理和民族性原因之一。同时，日本CIS计划也是日本政府当局以国外为市场的国策政治的一种实质体现。日本是一个善于模仿和汲取他人优点的民族，并能将外来文化与本国文化进行创造性的结合。在日本，自古以来就使用称为“家纹”的符号标记，作为家族或民族的象征，后来这一传统被企业的原形——“会社”所沿续，其实就是原始的标志。二战后，经过近20年的调整，日本经济开始进入发展时期，CI也被从美国引入了日本。日本第一个有意识地使用企业识别系统的可以说是第一劝业银行。

1971年，日本两家著名的大银行——第一银行与劝业银行实行合并，合并后设计出的新的银行标志是一个“心”的图案。这个作品创作设计非常成功，不仅在当时令人感到非常清晰、亲切，即使到今天，仍为日本企业界和设计界赞叹不已。（图1-58）1972年，在美国学习并从事CI设计的平泽志回到日本，他首先为伊藤荣连锁百货商店进行企业识别策划。设计人员拜访了伊藤董事长，并调查了部门主管、推销人员以及其他员工关于经营理念的看法。该公司的经营理念最终确定为“以和为贵”，平泽即以此为核心，对原有企业标志进行了修改，新的标志是一个简明的和平鸽的形象，具有很强的视觉冲击力。导入企业识别之初，该公司的销售额为480亿日元，在日本百货业中排名第12，到了80年代，销售额已达7000亿日元，跃升为第一位。（图1-59）而后，1973年味之素公司、1974年大荣百货公司、1975年伊势丹和西武百货公司、1976年马自达汽车公司、1978年松尾百货公司都开始正式实施企业识别策略。在整个70年代，日本企业实施CI基本上是沿袭美国式的方法，重点放在名称、标志或产品商标的设计上，属于视觉识别系统的设计和传播。

进入80年代，日本企业界对CI的认识和实际运作发生了质的变化，他们将美国创造的以视觉识别系统为核心的CI与富有特色的日本企业文化相结合，把企业理念开发、企业经营活动和企业视觉要素这三个方面加以整合，形成了具有日本民族特色的CI，希冀借助企业识别系统，促成企业体制和员工观念的革命性变化。华歌尔公司企业识别系统的导入堪称这方面的较突出典范。

日本WACOAL公司，是以生产女性服装用品为主的企业，1949年11月创办。创办第二年冢本董事长就发表了十年为一期的五十年事业经营计划，按照这个计划，到80年代WACOAL应在国际市场上确立地位，成为国际化大企业。事实上，经过三十年的努力奋斗，这个当初由10位员工创办的公司已成为拥有4400多名员工的大规模企业，正按照原定的事业经营计划，走向国际化。当时关于企业形象的调查显示：一般顾客眼中的WACOAL有值得信赖、领先社会潮流、高雅和清洁感等高形象评价，几乎看不出任何企业形象上的不良因素。但企业面临的问题是：有一半新员工并未经历过以前艰苦奋斗的历

图1-57　八佰伴标志

图1-58　日本第一劝业银行标志

图 1-59　伊藤荣连锁百货商店标志

程，也不了解董事长的创业精神以及同舟共济、共创大业的经营理念。到了这个大规模模企业，就感觉有如乘上了一艘安全性很高的巨轮，存在着“即使我不干也会有别人干”或“不必拼命工作也可以稳拿月薪”的意识。

1977年12月公司成立了以冢本董事长为首的CI委员会，作为决议机构，以推行CI运动。导入CI的目标非常清楚，诚如冢本董事长所说：“重新确认WACOAL培养了30年的力量，从组织、士气、习性等各方面进行检讨，强化优点，消除缺点。在往后20年间一致团结努力，使本公司进一步发展为世界性的大公司。创业30年来到本公司服务的人都是基本员工，他们有服务时间的长短和年龄的大小，但不应有意识或目标的不同。正值公司创业30周年之际，大家要朝共同目标团结前进，这一段路程就是我们的CI运动。”

通过调查发现公司员工相互沟通的机会很少，因此，把四千多名员工分为各阶层的数个小组，以增加交谈机会。他们谈论的内容包括“希望的工作环境”，如何培养更多人才“优秀的WACOAL气质”，“女性员工的职责”，“从WACOAL的历史学习优点”等问题。把谈论结果简要地写成报告书，贴在公告栏上，使全体人员均能知道各小组的意见。除了一般员工，主管也另外参与“讨论WACOAL未来”的会议，时常讨论WACOAL长期性的构想和理念。冢本董事长把其所著的《我的经营理念——其源流记录》和《WACOAL基本精神》发给每位员工作为教材，也作为高级主管之中部长、课长们的谈论基准。

通过与决策层的意见交流和全体员工的积极参与，经营方针和品牌战略确认为“3F构想”，即“Female、Fabrics、Fashion”（女性、质地、时尚）。在新企业理念和经营方针的指引下，最终产生了华歌尔的新标志。该标志要传达四个象征性意义：（1）飞跃的翅膀；（2）柔和的亲切感；（3）企业的腾飞；（4）含有公司名称的第一个英文字母W。（图1-60）自80年代以来，在WACOAL这样的公司带领下，日本企业形象不但在质上有重大革命，而且在量上也有飞速发展，仅80年代头4年，就有124家企业实施了企业识别策划。1985年一年中，实施企业识别策划的企业多达129家，平均每三天就有一家企业参加企业识别系统的设计行列。我们所熟悉的日本麒麟啤酒、美能达公司、富士胶卷、建伍公司、日本电器公司（NEC）、三菱公司、NTT公司、索尼公司等都先后完成了全面CI导入。（图1-61至图1-64）

70年代末，CIS设计也波及港台地区，其中台湾味全食品公司、东帝士关系企业、台塑关系企业、顶新集团等企业成功地实施了CIS战略。

新中国建立以来，我国企业由于受计划经济体制的束缚，一直没有意识到统一形象对企业形象传达的重要性，虽然广告经常做，却始终没有统一规范。设计师的“用武之地”基本上局限在单一媒体的设计表现上，直到改革开放的80年代末，社会主义市场经济模式确定后，CIS才逐渐被引入和推广。随着市场经济体制的建立，中国企业面临的国际市场环境发生了巨大变化，国内一些企业开始探求CIS的管理和经营方式。如太阳神、中国银行、中国建设银行、中国邮政、清华同方等极具个性化的企业品牌从CIS战略运作中获得成功，而太阳神集团有限公司被公认为首家导入CIS设计的企业，并为CIS在中国的推广和普及开辟了先河。（图1-

图 1-60　日本华歌尔新标志

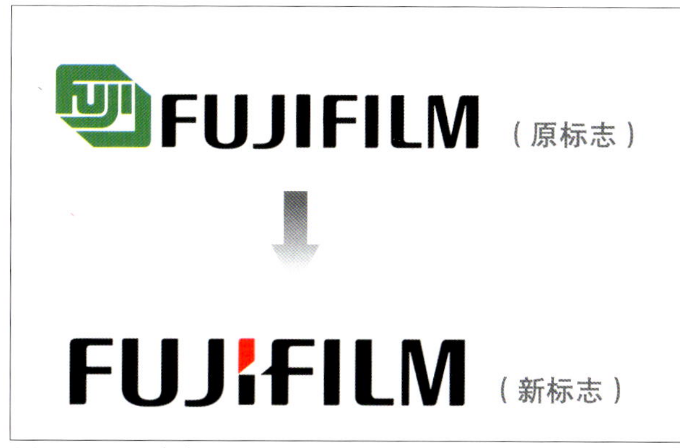

图 1-61　日本富士摄影胶片公司标志

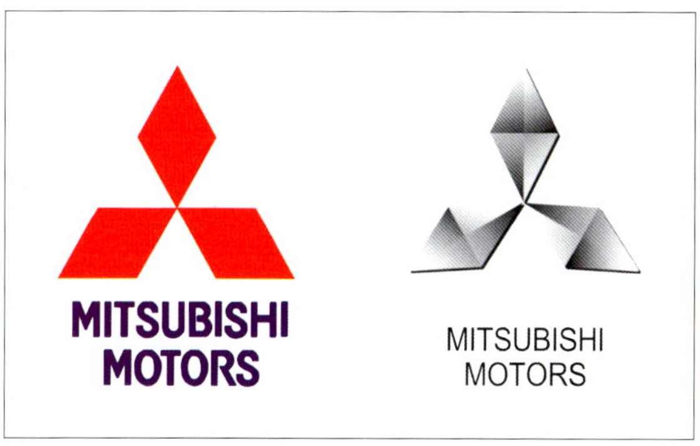

图 1-62　三菱公司标志

图 1-63　美能达公司标志

图 1-64　索尼公司标志

图 1-65　太阳神集团标志与形象

图 1-66　中国银行 / 设计：靳埭强

图 1-67　中国银行识别 / 设计：靳埭强

图1-68　中国建设银行 / 设计：李耀杰

图1-69　中国邮政 / 设计：北京理想设计公司

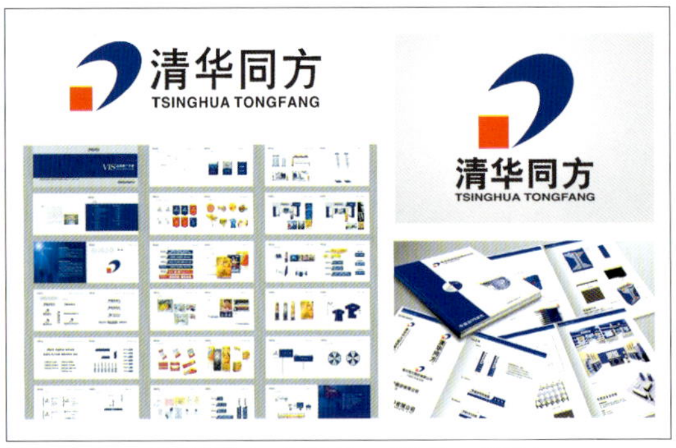

图1-71　清华同方 / 设计：陈丹、陈彤

图1-70　中国邮政识别 / 设计：北京理想设计公司

65至图1-71）

21世纪的中国，已不存在抵制洋货或闭关保护了。我们在汲取世界品牌成功经验的同时，更应该以优秀为起点，博采众家之长，大兴“拿来主义”，用全新的视角检讨传统的意识，迅速跨入世界先进的行列。当然，我们也应当清醒地看到，中国与发达国家的差距不仅仅在科技水平和管理手段方面，在运用整体策划及形象系统工程方面也存在着一定的差距。面对这些差距，是熟视无睹，还是努力赶上，这是摆在企业决策者和CIS优秀设计师面前的一个迫在眉睫的问题。

中国是一个以谋略著称的文化大国，自古就有《孙子兵法》、《三十六计》等谋略著作，然而我们部分的中国企业却忽视谋略，缺乏谋略的导入，只讲究匹夫之勇。谋略是克敌制胜的关键，企业经营战略史上的显赫战功都是以智谋取胜。《孙子兵法》说：“兵者，诡道也！”意思是指在竞争场上，智慧的重要性与不可取代性。近些年，CIS在我国南方一些发达地区得到大力的推广化运用。但是，有关专家却发现具有CIS知识的专业人士远未达到时代的需求，特别是中高级策划设计师的缺乏尤为突出。

目前，中国企业形象设计一般未形成完整的思维概念，这与院校所开设的教学课程有关。一些院校虽然开设了CIS课程，但一般也只注重VI的简单设计，学生很少知道CIS的运作过程和企业形象整体打造的实质内涵。因此，从长远考虑需要花大力气规范教学和储备更多的人才，这可能是改变和促进中国企业品牌建设的关键所在。

第三节 CIS构成要素分析

CIS企业形象识别系统由理念识别MI、行为识别BI、视觉识别VI三个要素构成，三者的关系如下：CIS识别系统是一个整体化的有机组成，而不能简单地理解为MI、BI、VI的相加。（图1-72）（图1-73）

MI（Mind Identity）——理念识别

MI是Mind identity的缩写。它是一种通过企业经营理念定位，来传达企业宗旨、企业精神及企业目标，以此展示企业独特形象的设计系统。其内涵包括几个方面：（1）确立企业的发展战略目标；（2）规范员工市场行为的基本准则；（3）企业独特形象形成的基础和原动力。基于这三点，有人称MI为“企业的心脏”，是企业精神理念的主旨灵魂，没有它，其他识别系统的建立将是不稳固的。

一个企业的生存发展或在经营上获得成功，必须拥有自己的经营理念。这种精神理念的获得，是对企业的过去、现在、未来统筹规划，严格反省而进行的调整和再创造的过程。以导入实施CI战略而获得成功的IBM公司总裁小托马斯·沃森（Thomas Watson Jr.）曾说过：“企业的成功归于理念，我坚信一个组织为了能够生存和经营成功，必须有一套健全的理念。”因此MI中包含了企业精神标语、经营理念、经营方针、经营策略以及企业文化氛围等诸多方面的内容。

谈到企业精神和经营理念，我们发现，在国内许多企业中出现频率最高的是“开拓”、“创新”、“超越”和“进取”等词汇，这些词汇的积极作用应该是肯定的。但它们频频出现于各种类型的企业之中，则使我们对千篇一律的雷同表现产生疑问——这是企业个性的显现么？这是企业特点、精神准则和发展目标么？当我们认真分析中外成功的CI战略实例时发现，能够拥有优良鲜明的形象竞争力的企业无一不是与其独特的企业精神紧密联系在一起的。如美国IBM公司的“IBM就是服务”，日本TDK公司的“创造——为世界文化产业作贡献”，“为世界的TDK而奋斗”。正如被誉为亚洲CI之神的中西元男所说，“CI最重的是创造个性”。

个性化的企业经营理念的确立，需要对企业自身生存的小环境以及国家建设发展乃至国际政治、经济、文化的大环境进行审时度势的思考和判断。有许多企业在确定未来发展目标时，都将企业的命运和国家的命运紧紧联系在一起，以一种高层次高水准的姿态关注着国家

图1-72 理念识别、行为识别和视觉识别构筑了完整的CIS系统

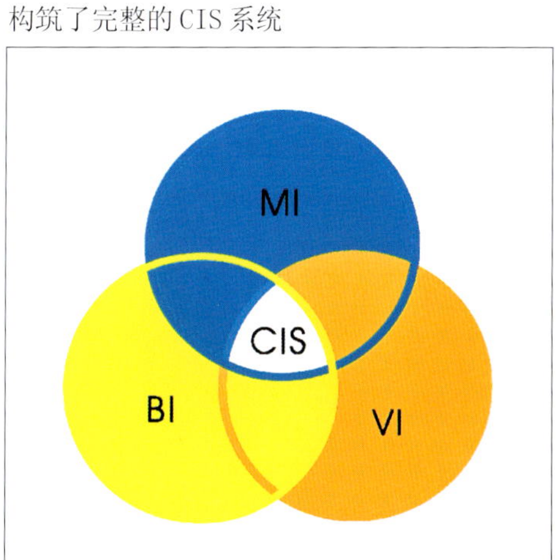

图1-73 MI、BI、VI三者之间的关系示意图

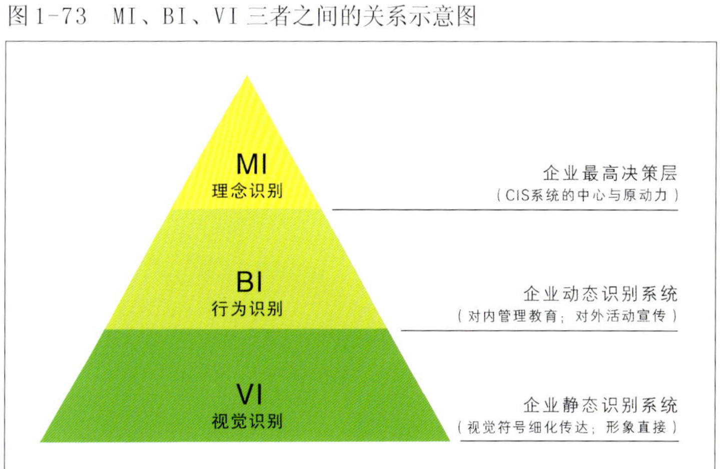

图1-74　理念识别是由经营宗旨、经营方针与价值观构成

经济文化建设以及人民物质和精神水平的提高。中国海尔公司："真诚到永远。"日本佳能公司："忘了技术开发，就不配称为佳能。"

广东深圳的益务集团以"创造生命质量"为企业精神，将企业的产品与改善人民生活方式，保障健康生命，提高生活质量融为一体，使人们在消费产品的同时，深深体会到企业所给予的人性化关爱。这就是独特的个性创造，对于CI战略来说，精神就是形象，精神就是力量。

企业理念的创立，一般都是要通过实践与理论相结合，尽可能体现企业的特点，切合企业的精神主张。正如我们平时所看到的一些企业理念极为凝练、简洁，目的是便于记忆和传播，便于公众的理解和认同。当然，这种经营方针是企业经营精神的高度概括。但在实际运用中可能呈现出各种不同的灵活运用版本。在日益发展的经济社会里，价值观念是企业理念的重要构成要素，是企业价值观的基础，而企业又为社会一组成部分，不可能脱离社会而存在，故此社会思潮和文化背景无时不渗透在企业意识形态中。一个优秀的企业应将自身理念与整个社会价值观相协调、相一致，否则，将会对企业产生不良的影响。比如：日本大荣公司在过去几十年里，始终强调"价廉物美"的企业理念，这符合日本战后物资缺乏时代的人们的价值观念。但随经济的发展，人们的价值观念也发生了改变，消费购买行为呈现多样化、多层次的状态，人们不再因便宜而去购买，特别对新生一代的贵族青年而言，大荣原有的理念就不能再有吸引力，因为"节俭"并不是他们着意标榜的美德。社会时尚，社会思潮的改变也同样相当直接地影响着企业经营意识。前几年由于市场开放，假货和欺骗充斥着市场，而此时海尔提出的经营理念是"真诚到永远"。这句话包含着海尔的产品质量、服务宗旨和企业信誉，因而很快被消费者接受，同时也给企业带来了丰厚的回报。由此可见，社会思潮、价值观念、文化背景都相当直接地影响着企业理念，因此企业在创立自己的理念时，应与时俱进，在保持企业理念相对稳定的同时，可根据实际需要以略加微调，保持与时代同步，与社会与消费群体相适应，这是明智之举。

不同民族、不同地域就会有不同的经营方针、经营姿态。日本人在买卖交易结束时，卖方总会对顾客说声"谢谢你"。但买方（顾客）多半是抬头挺胸，不屑一顾地回一声"恩"，然后走出商店。而美国人在买卖交易结束时，卖方亲切地问顾客道谢，买方也会以同样的态度应答，而且双方都表现得非常自然，一点也不虚伪。同样的，当日本客人走进餐厅后，女服务员便亲切地招呼客人，端上客人所点的餐点或饮料，客人则觉得一切理所当然，不会对女服务员道谢。而美国客人总是客客气气地对服务员说声"谢谢"。用完餐后还会在桌上放一些小费，表现对服务员的谢意。

美、日这种区别就与他们的民族、传统有关。有些特殊的经营姿态不是一日形成的。它们往往有较长的历史，并为民族的某种习俗联系在一起。当今，科学技术的发展，经济结构的变化对各种产业的影响日益显著，日益剧烈。因此，也会对企业理念产生一定的影响和冲击。与时俱进，学会随机应变，不断适应市场，不断调整企业的经营方针和经营理念，这是企业在导入CIS时务必要认真研究的问题。（图1-74至图1-77）

BI（Behaviour Identity）——行为识别

BI是Behavior Identity的缩写。它是一种在经营理念指导下，通过表现企业对外参与、反哺，对内组织、管理、教育、培训等活动，来展示企业独特形象的设计系统。行为识别主要包括发展战略的策划，经营目标的确定，管理体制的革新，组织机构的设置，科技发展的重点，产品开发的方向，促销手段的运用，公关活动的范围等等。从形式上看，行为识别系统是一种反映企业动态过程的设计系统，是企业市场行为规范化、标准化的要求，因此相对于其他识别系统的建立来说，它较为复杂，较有弹性，实施也较为艰难。然而，它却是企业识别系统能否真正建立起来的关键，是CIS的动态部分，"如同人的手"，是MI的行为体现。

行为识别通常是CIS系统中的"做法"。其内容有企业的管理上的规章制度、行为规范、用语规范、促销活动、公益活动、员工教育的工作环境的治理以及产品开发等。这是使企业对内产生强大凝聚，对外形成巨大影响力的物化基础。行为识别的运作是通过员工教育等一系列活动，使企业内部员工对企业管理形成共识。并以此增强企业的凝聚力，改善企业机制，树立新的形象观念。

企业通过组织宣传员工的培训教育，宣传导入CIS的意义，破解企业理念的精神思想，说明建立新理念、新形象的必要性，促使员工对CIS的意义、内容有个全面的理解。并逐步落实在行为中。要求企业领导干部和一般员工都要积极参与支持，在新的企业精神和经营理念确立的同时，广泛开展教育，并着手改善工作管理方式，通过一系列企业内部的传播手段普及CIS知识，增强员工对企业导入CIS战略的认识、沟通。上下级之间和各部门

图1-75　大阪申奥标志

图1-77　大阪申奥形象

图1-76　大阪申奥形象

之间的协调关系，使企业主体由被动的接受策划设计，变为主动地参与创造，为企业上下内外相成一致，充分发挥企业员工的积极性和创造力。通过CIS的推动和企业文化建设，给员工树立明确的目标，使员工知道企业的状况。发展目标和自己的责任，增强员工的主人翁意识和自强自律观念，并让人人感悟到有归属感，尊重感、荣誉感和自豪感。

BI是企业经营理念和创造企业文化的准则。企业还可通过形象调查，市场调研、产品分析、经营业绩分析与检讨，才可以拟订出企业基本形象概念行为规范，这是塑造成功形象的关键。通常企业被分为很多职能部门，各部门之间互通有时很少。通过BI使部门和员工内部对企业理念必须形成共识，具有敬业精神，合作精神与荣誉感，进而改善企业机制，树立优秀的企业形象。

BI推动管理方式的改进以及行为规范的建立，必须都要严格遵循企业的经营理念。已拥有全球一万五千多家的连锁店的国际著名企业“麦当劳”公司，以品质、服务、清洁、价值为自己格守几十年的信条，更可贵的是这些信条已持之以恒地落实到每一项具体的工作和员工行为中去。如“清洁”这一条，麦当劳有句格言：“与其站着靠墙休息，不如起身打扫。”这种要求使世界各地的麦当劳快餐店都成为清洁舒适的餐饮乐园。这是管理方式对员工行为规范化的优良反映，也是企业能够延续扩展的奥秘所在。

行为识别的核心在与CIS理念的推敲，对于企业来说，是一场意识革命，全新价值的创造。CIS的宣传教育、推广与一般的宣教形式不同，在这里教育者与受教育者都是以立体形式出现，教育者不仅是教导某种知识价值，还要身体力行，成为一种活的典范或示范，榜样的意义比知识灌输更重要。而受教育者也不只是接受一种知识，而是要转化为一种价值并变成自己精神的一部分。日本企业在导入CIS过程中，非常强调这种价值的共有化。只有将企业理念化成每一位员工精神的一部分，贯穿到员工的一言一行，CIS的实施才算完成。

CIS的传播实施核心在于CIS价值的教化，教化兼有教育与化导两方面的意义。教育易解，关键在化导。化导是通过不同手段，从制度到仪式到领导者的身体力行，都作为传播的手段，有意识的进行针对性宣传，不断强化企业理念价值观。一般来说，推行CIS行为识别规范，不能只铺天盖地地宣传或永无休止地教育培训，更重要的是树立一种价值，一些典范，让大家自发去模仿。你不要对大家说CIS行为规范应该怎么做？做什么？而要自己亲自去做，并向他们解释CIS理会的意义与CIS是如何进行的。你没有理由不相信你的同事或下属，人存正心，他们会发现一种价值，认可这种价值，自觉去模仿，积极地创造，同时也会自觉地去发扬这种价值。

当然，BI行为识别中的公共关系活动也是企业参与社会活动的重要环节。作为企业，应当关注国家乃至世界上的一些重大事件，可以利用这些事件作为点切入进去。如在“北京2008奥运会”、“希望工程”等许多社会活动中扮演积极的角色，并以此作为提升企业形象力的良机。（图1-78）（图1-79）

VI（Visual Identity）——视觉识别

VI是Visual Identity的缩写。它是一种在企业经营理念、战略范围和经营目标的支配下，运用视觉传达方法，通过企业识别的符号来展示企业独特形象的设计系统。视觉识别系统按其作用来分，可分为基础和应用两大部分。基础部分包括企业标志、品牌标志、标准字

图 1-78 行为识别：由对内对外两部分组成

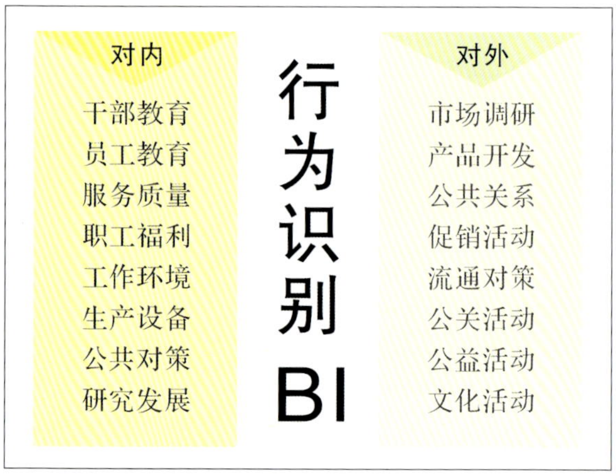

图1-79　台湾妇女人身安全宣传活动

视觉识别 VI

基础要素系统	基础应用系统
企业名称	办公与环境
企业标志	产品包装
企业标准字	广告媒体
企业标准色	交通工具
企业象征图形	企业服饰
企业造型	旗帜招牌

图1-80　视觉识别：由基础要素和应用要素两部分组成

体、标准图形、标准色彩等；应用部分包括产品及其包装、生产环境和设备、展示场所和器具、交通运输工具、办公设备和用品、工作服饰、广告设施和视听资料、公关用品和礼品、厂旗、厂徽、指示标志和路牌等所有方面的应用设计。VI是CIS的静态部分，如同人的脸。企业通过统一化、系统化、规范化的视觉识别设计，将企业精神理念传达给企业的关系者和社会。从而在视觉传达方面树立起统一的形象概念。VI的最重要的一点就是针对市场设计，它的主要内容包括两大要素：

基本要素——企业名称、企业标志、专用字体、企业色、企业标语、企业象征图形以及各部门的组合规范设计等。

应用要素——将基本要素的设计运用到与企业相关联的各个领域。如：事务用品、产品、包装、广告、环境、公关、运输工具、服装和室内外展示等。

在VI整体设计过程中，设计概念的制定是整个系统的核心。所谓设计概念就是规定视觉识别系统应具备的条件及应发挥的传播功能的总体方针。这一概念所必具备的形象标准和功能标准，它必需规范企业精神和视觉化的实现，它必需具有鲜明的个性和形态创意，同时也必需蕴涵着企业精神以及企业理念所包容的内涵。

作为最直接传达企业讯息的VI系统，要严格按照设计概念的规定，进行具有创新性构思和规范统一设计，使与企业相关的方方面面，大到企业内外环境，小到办公用品中的信纸名片等，都成为凸显企业形象的有机组成部分。因此，在应用要素的设计方法上，不仅要注重各种基本要素、要素组合规范的具体运用，而且还要为这些应用要素的具体实施选定材质、设计规格、印制方法。如色彩、位置环境、设置角度、灯光效果等。并以规范化的形式确定下来，以便准确地表达企业经营理念和产品特性信息的传达。视觉识别系统的应用与开发，面广层深。企业根据实际应用需要有计划的实施，不可片面强调“大而全”，追求所谓的“气派”，使企业蒙受不必要的经济损失和资源浪费。

上述三个系统是一个有机的整体，同时又各有区别：理念系统是整个识别系统的主导内容，是建立整个企业识别系统的原动力，有了理念系统，才能确立企业的主体性，指导企业的发展方向；行为识别系统是整个企业识别系统的本质内容，它是一种动态的形式，强调一种行为过程，是建立整个识别系统的关键，有了行为系统，企业的理念才能落实到实处，推动企业良性发展；视觉识别系统是企业识别系统的基础内容，是实施CI的中心环节和重点所在，因为有了视觉系统，才能及时地、鲜明地向社会传达企业经营的信息，使公众在视觉上产生强烈的刺激，最终树立起企业的形象。

CIS战略的三大构成要素是一个互为因果，相辅相成的统一整体。以MI为主导的BI、VI的设计开发需要建立在规范化、统一化和富有创造性的基础上，以共同的理

图1-81　设计：荷兰unieq

念准则来策划导入并实施管理，只有这样才能保证CIS战略运作的完整性的企业形象的综合传达。CIS如同一个人，MI就是他的精神思想，BI是他的行为举止，VI是他的衣饰相貌，思想支配并规范着人的行为活动，外貌则是他人认识和了解其内在品质的最直接的媒介，只有三者达到质的统一，才是一个健全成熟的人，才能成为非他非你的自我，才能够取得他人和社会的认同与信赖。对企业来说，CIS所解决的就是企业机构的“自我塑造”和形象力的影响与社会效应。（图1-80）（图1-81）

课后思考与练习：

1.为什么叫CIS?

2.CIS由哪些要素构成，它们之间的关系如何?

3.CIS具有哪些基本特征?

4.企业导入CIS主要有哪些实际作用?

第二章

视觉一体化的 VI设计

第一节　基础系统的开发与设计

第一节　基础系统的开发与设计

基础系统的开发是CIS视觉识别系统中的主要部分和核心内容，主要包括：企业标志、标准字（中英文）、标准色、企业造型以及辅助形象设计等几个方面的内容。

一、企业理念引导下的标志设计

企业标志（Logo）是应用最广泛，涉及领域最多、最重要的形象要素，也是CIS视觉识别系统中的第一形象要素。企业标志不仅是派生所有视觉设计要素的主要之源，也是整合所有视觉要素的主体，更是企业品牌的精神象征。一般企业CIS标志既是视觉识别系统中贯穿始终的灵魂，又是具有挑战性的项目，它不仅是VI设计的基础，也是企业形象基本架构的创作之源。因此，CIS中的企业标志设计不同于一般的商标设计，它必须在企业理念、企业精神的引导下，以MI为核心原则，突出企业形象的个性化和鲜明的时代性，这些都是设计师必须要认真思考和感悟的课题。

应该说企业理念在标志设计中的渗入，使设计师有了宏观意识，使其创作少了一些随意，多了一些严谨。在整个创作过程，随着企业调查、问卷和走访的深入，有经验的设计师会悄悄地感觉到他所追求的形象时而清晰可见，这如同写文章一样，素材的积累便是文章主体的基本保证。因此标志作为一个特定符号，以它特有的视觉艺术语言传递着大量的信息。企业标志通常涵盖两个层面的含义，第一层为名称，表示这是某某企业，即与其他企业进行明确区分；第二层则是图形表现。标志虽然是设计师创造的，但是只有企业赋予其真正的生命才会有价值。

标志设计一般比较注重时代的审美性，国际有些著名企业一般在不同时期都对标志造型进行调整或更新，以顺应技术发展的需要和审美的需求，这种变化也体现了标志设计已由具象转向抽象和单纯的一面，表现形式也由绘画性转向多元变化发展的趋势。另外，由于多媒体技术的迅猛发展，标志也由过去单纯的二维平面设计，转向适应企业需求的三维和四维空间设计形式。如（图2-1）是我们对SONY ERICSSON标志设计的分解分析。经过对标志的分解我们可以看到其惟妙惟肖的空间效果，原来关键是把握光点与反光原理，巧妙地利用光的渐变手法完成对造型及光泽的控制，这也是当代设计师在平面设计创新中利用科技手法不断探求的一面。现在的矢量设计软件能表现出多种丰富的渐变效果，由此我们必须看到在现代设计风格的发展中，科技进步已对平面设计产生强大的推动作用，同时对标志的影响也十分明显。（图2-2）

关于CIS标志设计提案要尽可能多一些，全面一些。许多设计师常常把一捶定音当作是自己能力的一种表现。其实在标志设计中并不排除妙遇偶得的现象。但一般来说，绝大部分还是在于从量变到质变，修改与完善的过程，况且对同一款标志的探索不同的方案也有助于开拓我们的创作思路，为下次的设计积累素材。应该说

图 2-1

图 2-2　芬达汽水标志分解图

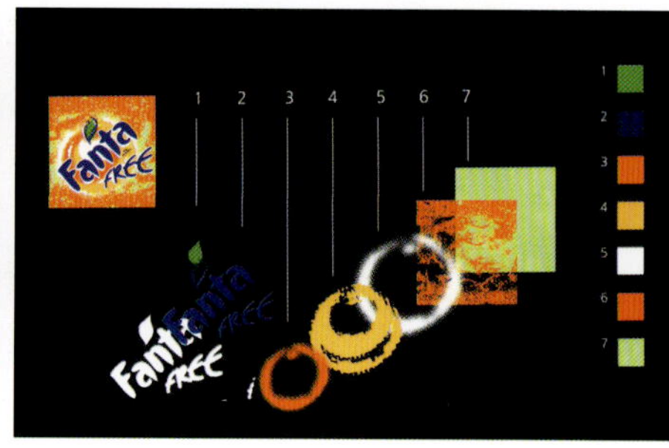

图2-3　香港国旅原标志的应用

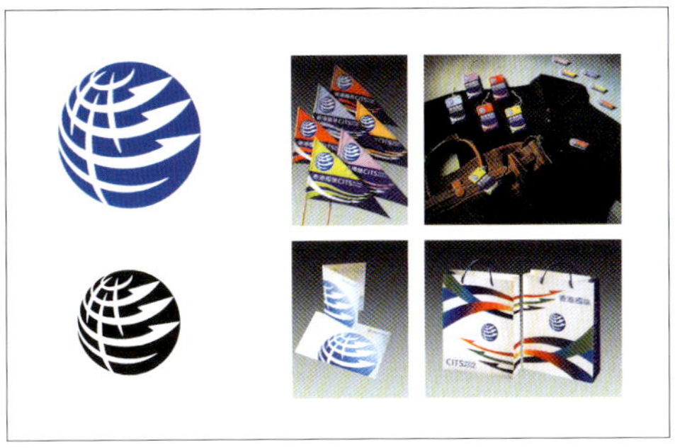

图2-4　香港国旅新标志在CIS中的应用／设计：靳埭强

现代企业标志设计不同于20世纪90年代，那时候一些企业对标志的认识度远低于现在。一般情况，企业只希望能在自己的标志图形中能体现行业特征和发展这一概念就可以了，没更多要求。而现在大不相同了，以往企业谈到标志设计，往往是讲清帮助设计一枚标志，而现在是设计一套标志方案。这“枚”与“套”不仅仅是量词的变化，更多的是一种观念的转变，运作方式提升。“套”追求系列系统，是一种大环境，大背景下的量化作业；“枚”则是孤立地对标志图案精雕细琢，为了标志而设计标志。而标志套化作业更强调的是标志与企业的搭配。与字体、与象征图案、与色彩的组合以及在不同场合中与环境，材料的协调统一，这些标志的整体设计过程都要认真把握的。

当然，随着市场经济的繁荣发展和社会进步，许多企业在着重经济建设的同时，更注重理念的提升，这对标志设计来说提出了更高的要求。比如香港国旅企业标志设计就是一例，国旅是中国一家旅游企业，在香港有一家子公司，称为香港国旅，专门服务香港的旅游者。原先子公司沿用着母公司的商标内加上“H.K”小字母以作识别。后来因为市场的竞争，母公司的形象不能满足香港市场的需求。陈旧风格的商标图形不能适当地传达现代企业的信息。因此，设计一个新形象是这家国际现代化子公司的迫切需求。

为了与母公司有明显的关系，创意尽量以原商标的元素为创作基础。设计师围绕着定位和基本元素，尝试构思很多设计草图。后经比较和研究，选出几个较合适的设计绘成精稿，预备提案。后经审评，客户比较赞成新的设计方案，认为新方案比较明确地表现了与中国母公司的关系。其构图简洁、生动富有动态感，设计是以反白箭头弧线与地球经纬线的结构，再发展设计造型，线条追求生动活泼，整体求得一个内藏“华”字的地球形象。这个设计正好与企业的想法及业务性质相吻合，表现了以中华为本，放眼世界的经营策略。

这次新标志改良的重点是：地球由平面改为立体化的球体表现；强化箭头弧线造型，使它更具力量感。将中英文字抽离标志，使标志结构更简洁，表现富有感染力。（图2-3）（图2-4）

2010年4月，我们应邀参与“安徽工程大学”的校徽设计。当时学校要求能准确体现工科类学校的特点，设计要简洁、大气、富有现代感。当时至截稿时共收到来自本校师生、设计公司、校友以及社会各界专业作者作品共157幅。这次发表的就是获首选采用的“1号”校徽作品。

校徽中的书法“安徽工程大学”为毛泽东字体，名称用中文和英文同时标识，中文居上，表明主体性；英文居下，表明国际性。在标志中加入“1935”字样，表明建校年代。主体由“安徽”英文首字“A”和汉字“工”字的变化组成“金字塔”造型，象征博大精深的知识内涵和专业意境的形式美。

校徽主体上端是一个硕大的“人”字，突出地表现教育以人为本，因材施教，以及“质量立校，人才强校，和谐兴校”的办学理念。内含一颗闪烁的星星，它象征着理想与抱负，美好与未来。其中“工”字的变化模拟双手捧托具有教育含义的智慧书本，它象征着培育人才、贡献社会的美好愿望和进取精神。

校徽整体造型庄重、简练、意境含蓄，显著地突出“安徽工程大学”严谨有序的治学风范和时代气息，同时在造型结构上也展现了平衡、稳定而富有变化。专用色为深红色，整体印象具有高雅、祥和之美，并与校园的建筑色调保持和谐统一的视觉美。（图2-5）（图2-6）

有人说“设计是内容决定形式”。而标志设计既要注重形式、内容，又要有艺术性，同时又要易于识别。比如安徽华星化工股份有限公司的标志设计，当时客户希望设计尽可能将企业理念反映在标志的含义里。企业理念为：“诚信天地，奇正方圆”。华星企业理念源于儒学和中国智谋宝库——孙子兵法，并由公司多年成功经营的实践孕育而成，其基点由“诚信、奇正”等哲学思想组成。

设计分成两项工作：一是进行原司徽的改良；二是重新设计新司徽，预备最后提案。通过紧张而有时效的工作，最后提案会是最高决策者约十多人出席，董事长亲自主持并以民主开明的方式进行讨论。最终选择了大家都非常满意的方案。接着，进行最后的修饰和完善，制作了标准设计完成稿，规划导入CIS整体设计计划和基本应用。

安徽华星化工股份有限公司的标志设计，是以“华”字首字母“H”为基本形进行变化，造型结构采用外方内圆，体现一种“规矩”，象征企业科学、严谨的管理机制和工作作风。主体结构中的负形是两个相互交错的白色弧线，表示企业与客户间真诚合作，共创双赢的美好愿望。中间的圆象征国际意识的地球；闪烁星星，被企业称之为世纪之星，希望之星，发展之星——安徽华星。其造型庄重、简洁、新颖，比较准确地表现了“诚信天地，奇正方圆”的理念内涵以及企业所要祈求的形象。（图2-7）

芜湖港储运股份有限公司的CIS视觉识别系统设计，是2000年企业为上市准备的实施方案。方案中的标志设计，主要是围绕“开拓创新、急流勇进”的企业精神、理念展开构思。其创作手法是采用“一形多意”和半抽象的造型手法，将东升的旭日和乘风破浪的巨轮融为一体，通过弧线与直线的变化共构，使港口业的精神风貌和特有的形象品位一目了然。标志的造型结构简洁、易懂，个性突出，令大众易认易明。（图2-8）

如果说芜湖港储运股份有限公司的标志设计比较适合企业的定位，那么，芜湖共和航运股份有限公司的标志设计却另有一番意韵。设计之初，企业没有提出很多要求，只是希望标志形象最好能适应国家改革开放形势，适合企业今后发展的需要。为了适应客户的要求，我们围绕着定位和基本元素，尝试构思许多创意，并将草图绘成正式彩稿。最后，客户很欣赏我们的一些个

图2-5　安徽工程大学校徽 / 设计：田恒权田健

图2-6　安徽工程大学 / 设计：田恒权田健

图2-7　安徽华星化工股份有限公司标志／设计：田恒权

图2-8　获2002“中国之星”最佳设计／设计：田恒权

案，认为比较符合他们的需求和愿望。

标志设计是将企业名称“共和航运”首字“共”与其英文缩写字母“GHS”巧妙地变化组合，两者合二为一，求得一个汉、英文字相融合的视觉整体，这既符合设计潮流，也富有创新感。其结构中又清晰地勾画出地球与航船的轮廓，寓意芜湖共和航运股份有限公司立足芜湖，面向全国，走向世界的美好前景；象征企业以中华文化为本，国际为界的企业文化和经营战略。标志采用蓝色，象征企业时刻掌握国际脉动的潮流与趋势，开创未来、创新品味！（图2-9）

现代CIS标志创意逐渐转向意象性，形成标志内容不确定性，形象上模糊的特点。所谓“意象”，就是由记忆表象或现有知觉形象改造而成的想象性表现。意象是超于表象的，是表象的升华，在知觉形象的基础上更注重想象性。标志设计意象性的表现突出个性化、象征性，它符合现代信息交流时代特征，因此，标志的意象性设计手法对于表现多重意义的主题会起到比较好的效果。如果从设计的本质上讲，标志设计不同于绘画艺术可以自由发挥。那么，设计师如何利用有限空间创造优秀的视觉语言，如何在一些事物中发现意义，并把这些事物、事件看做是象征普遍真理的符号能力。这种素质却不只有设计师才具备，非设计人员也有这种素质。设计师的优越之处在于他不仅能得到丰富的经验，而且有能力通过特定的媒介把这种经验的本质及意义变成可感知的图形符号。非设计人员则会在自己敏锐的洞察力面前束手无策，不能把所有感受到的东西凝结在一个完美的形式之中，正如中国古典诗词那样：“韵脚为结构和韵律提供了衣衫”。（图2-10至图2-12）

企业精神、理念不是具体的行为规范，是体现企业个性、凝聚力、趋动力的相对抽象的概念。这种抽象概念在设计中往往借助抽象的造型语言来表现会更加贴切。其中，利用字体结构形态的意象化表现往往是比较多用的一种手法。如：安徽鲁班集团CIS中的标志设计也许是比较典型的一例。标志是由“鲁班”二字首字母“L、B”演化构成一座拔地而起的高层建筑物，同时又是汉字“建”字的幻化图形，它象征着企业以建筑为主，多元发展及奋发向上的企业精神；标志的整体造型又酷似一把意象化的“锯子”，因为企业的名称与古代

图2-9　设计：田健、田恒权

图2-10　安徽艺术职业学院／设计：彭庆云

图2-11　安徽灵璧中学校徽／设计：彭庆云

图2-12　安徽人口基金／设计：彭庆云

图2-13　设计：田恒权

名人——鲁班（“锯子”的发明者）有内在的联系，并以此型来象征企业承前启后，继往开来的“鲁班创新精神”。（图2-13）

有些标志乍看好像没什么特别之处，但若细细品来却大有文章。俗话说“外行看热闹，内行看门道。”随着时代的发展，国民文化素质的不断提高，对设计师自身的素质也提出了更高的要求。任何一种设计形式，都有其规律可循，都可以总结出一定的形式法则和“门道”。但是，对于设计师而言，要想出好作品必需要掌握一定的设计规律和生活知识，再加上自己的灵气和不断的探求，就可能在标志设计过程中有所发现，并准确地体现其中的内涵。

清华大学美术学院教授院陈汉民先生为《读者》杂志设计的刊徽别具一番情趣。（图2-14《读者》杂志刊徽/设计：陈汉民）以蜜蜂比喻《读者》具有象征意义。蜜蜂采花酿蜜，为人类提供“物质食粮”，并传播花粉，引来百花盛开。而《读者》摘集文艺精品，为人民提供“精神食粮”，传播知识，促进精神文明。因此，人们既需要“物质食粮”，也需要“精神食粮”，这个利用物象进行比喻和联想的构思，给人一种独巨匠心的设计品味。

CIS标志设计，除了注重主题的把握以外，还应当兼顾其延展性和整体设计效果。杉杉集团标志单独看起来虽然不太起眼，但整体应用却有一种装饰美。标志是以

“杉杉”首字母“S”和“杉树”为设计元素，并将大自然的意蕴融入设计。以“S”字体象征生生不息，杉树则有节节升高之意。

结构上以两个“S”作阴阳曲线变化，并与杉树有机结合构成一整体，令人联想杉杉集团从传统到现代的结合。也象征创新突破和不断成长之意。（图2-15）

CIS标志设计内容主要包括：

1.设计前提

第一、企业经营理念和展望

第二、企业经营内容、产品特色和服务性质

第三、企业经营规模和市场占有率

第四、企业在客观环境中的知名度

第五、企业经营者的期待和员工的共识

2.主题素材

标志设计的主题素材很多，主要有三类：字型类、图形类、综合类。

标志设计要么是抽象化的，要么是把多种元素结合起来去创造一个理想化、便于记忆、便于快速阅读的平面设计符号。如果把它综合起来分析，主要作用有三点：

（1）事业的象征。这是标志的信息功能，以形传意，象征一定事业理念、企业精神或企业的某种属性特征。

（2）形象的识别。这是标志的视觉功能，以独特新颖、差别化视觉的个性特色在多样载体应用中强化公众识别与记忆。

（3）权益的保障。这是标志的法律功能。标志的规范化应用及其注册，既是对公众负责，也是自我权益的保护。

标志设计有三个相应的要点：特定概念内涵，差别话的视觉个性，标准化的制作。

标志造型设计千变万化，主要类型有以下几种：

1.以规则或不规则的点、线、面构成的抽象类型；

2.具象图形表现的具象造型；

3.以具象图形作反常态变化的意想造型；

4.以字体变化的字体造型；

5.字体与图形复合化的字图造型；

这些类型又可分别细化。如具象造型可以包括写实的、夸张的、精细的、概括的等等。但不论怎样变化、采用什么样的设计手段或形式，有应该注意特定概念内涵的把握和独特视觉个性的处理，从而凝结为一个整体符号。

在VI标志设计中，应更高的注重企业理念的挖掘与运用。这是CIS的整体策略。当然，对于标志的整体构思和策略在其中贯通仍需要设计师准确把握。以下是一些标志策略的实例分析：

李宁牌商标的整体设计由汉语拼音“LI”和“NING”的第一个大写字母“L”和“N”的变形构成，主色调为红色，造型生动、细腻、美观，富于动感

图2-14　设计：陈汉民

图2-15　杉杉集团标志 / 设计：魏正

和现代意味，充分体现了体育品牌所蕴涵的活力和进取精神。李宁牌商标的象征意义：飞扬的红旗、青春燃烧的火炬、热情律动的旋律、活力。（图2-16）

耐克标志的“钩”（图2-17）形是速度与优雅的视觉体现，它不仅仅局限于某种运动商品，而是抽象地表现了古希腊神话中胜利女神的翅膀。抽象不仅可使形象简化，而且也增加了适用面。即使你不知道希腊神化，而耐克的象征符号也会令你联想到翅膀，它暗示着自由与速度，这些都会对公司的拓展产生积极的影响。

在企业机构形象设计中，形象力的整合是公众对企业认识的外在感受，而标志又是其中的核心。严格地说，一个偶像应是任何一种代表或象征符号，而一个被偶像化的标志的目的是能使观众以最快的速度加以辨认并产生积极的联想。例如，红十字会标志（实际上是一个红色的加号）能使人联想紧急救助和同情心。在设计中，通过对形象的认真排选、分辨和抽象化，一种符号可以被提升到新的高度，并产生认知和文化上的重要意义。（图2-18）（图2-19）

通常，我们的一些企业机构往往比较注重文化的建设，有时在一个标志中要求设计师有意添加一些这方面的内容，这的确需要。但从另一方面看，标志的个性化创造往往比文化更为重要，因为它是表现自我，树立自我的基本识别要求。如苹果电脑公司的专用标志——苹果，这一象征符号与彩虹图形（代表希望和运气）结合在一起。在今天看算不了什么创意，但苹果公司刚打进市场时，容易操作的电脑产品是不可思议的，这也就是为什么一个充满乐观向上精神的标志对公司形象和市场策略具有不可估量作用的根本原因。同时苹果形象的独特视觉个性也给消费者留下深刻的印象。至于苹果背后的文化可能很多，但人的认识的确是一个富有设计化的苹果图形。（图2-20）

标志的创意构思并没有公式，也不能只从一个方向直线思考。我主张开始阶段应放开在广阔的空间中思考，围绕定位，尽量发挥和多角度表现主题。可以将你所有想法记录下来，然后，从中选优，将比较好的绘成完整草图，然后进行比较、调整和寻求新的发现。

标志设计之初最好多创作一些方案，以便给自己打开思路。在具体处理上，见解与精致，整体与变化，理性与情趣，以及点、线、面、体的变化，大有创造天地。设计中应根据表现定位的需要不拘一格，力求凝练、清晰。作品的结构变化要紧扣主题，惜墨如金，不能为了追求形式上的时尚而冲淡对主题的表现。比如我参加2002年的中国棋院院徽征集设计，当时要求所有参赛作品必须艺术化地表现中国棋院的显著特点，同时还

图 2-16

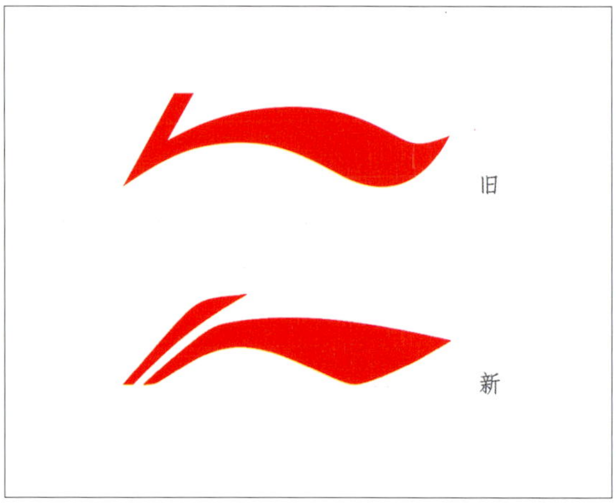

图 2-17

图2-18

图2-19

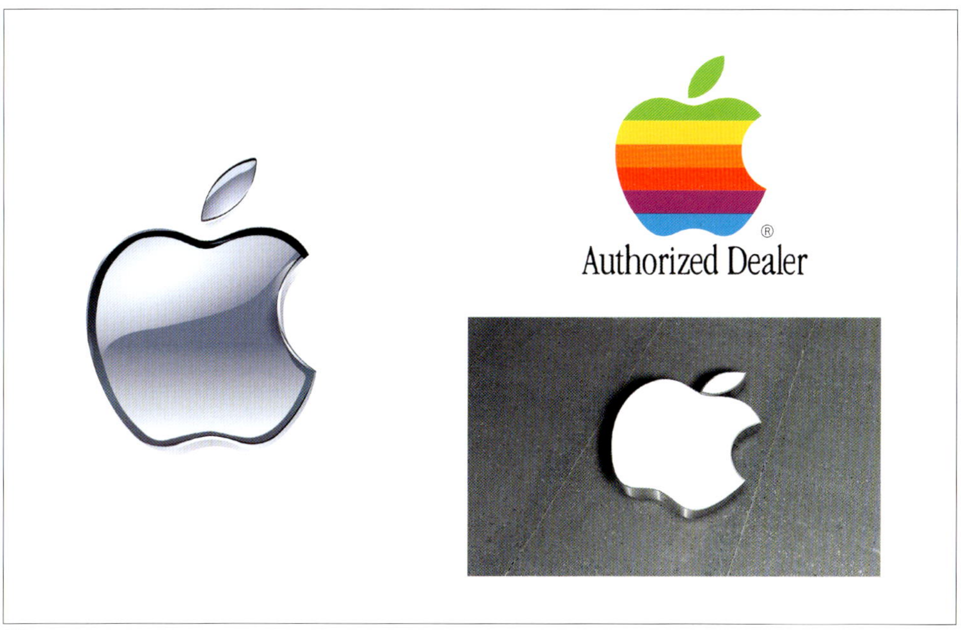

图2-20

要体现国家棋院作为职能部门管理三大棋的共同属性、特征。这是一个具有挑战性的设计，既需要经验、灵气，又要具备探索和创新精神。从来自全国及海内外两千余件竞选方案来看，大部分作品都是出自专业设计师之手。通过多轮评选，最后由“中”字构成的下棋人形方案脱颖而出，被选定为中国棋院的正式院徽。其入选的真正原因在于作品较好地体现了中国棋类运动的共同特征和艺术感染力。在图形结构中，以“中”字为构架并将英文“CQY”（“中国棋院”英文缩写字母）融入其中，将东西方文化的内涵与神韵巧妙融合，以准确的信息内涵和美观造型表现一个中国的、开放的、国际化的中国棋院。（图2-21）（图2-22）

有人说标志设计可遇不可求。从这个意义上来说，设计标志不可生拉硬套，不能将与设计主题不沾边的东西也拼上去，让人感到生硬、僵化。正确的方法应该是寻求一种科学合理、顺理成章而又符合设计原则的艺术效果，这其中既需要丰富的设计经验，也需要一定的精神和勇气。（图2-23）（图2-24）

图 2-21　中国棋院院徽 /
设计：田恒权

图 2-23　安徽云周科技有限公司标志 /
设计：田恒权

图 2-22　中国棋院院徽构思草图

所有标志设计一般必须经过一个相似的过程才能成为一个纯粹的视觉象征，这个过程的步骤包括：提炼、转化、定型和简化，所有这些步骤对于把最初的一个概念转变成一个持久的视觉标志而言都是至关重要的。

（1）提炼：这个步骤包括考虑所可能的形象和符号，对这些形象和符号加以提炼，选出具有潜力的，然后考虑哪个形象值得进一步探究，并画出草图。

草图绘制是标志构思的一个阶段，应具有目的：第一，把头脑中已有的想法描绘出来；第二，帮助产生新的想法，或者按照自己的想法从不同角度画出几个草图，以帮助自己打开思路；第三，借助一些图形资料（包括客户提供的），延续分析，汇总画出你感兴趣的最初形态。

草图构思不要先画好外框，因为这样会限制你的思路。最好是先给自己界定构思的大体方向。在CIS标志设计中所指的就是创作理念，这是创作之本。当然要灵活掌握，设计中一个永恒不便的真理就是“变”。变，就是寻求发现。创作应该放松一点，给自己一个能充分思考的空间，当你把有些杂乱的想法记录下来后，通过认真整理，推敲，有时会给你意想不到的启迪。

草图构思往往也需要变换方式。如果你每次都是以同样的方式开始这个过程，那么你设计的所有草图可能都是一样的。反之，将会有新的发现。

（2）转化：完善草图是标志设计的第二个阶段，这个阶段可以通过手绘和电脑制作技巧将散乱、不规整的草图转化为理想的代表性符号。对于这些符号的绘制一般不需要过细，只需要表达明确就可以了，因为它不是最后的定稿图形。

（3）定型：标志草图一旦确定后，作品中的所有元素结构必须严格定型而达到视觉上的完整感，同时也必须使各元素间有一定的内在联系以及整体形象上的美感。

（4）简化：标志设计的关键是简洁明了，一个标志看上去必须悦目，不管是彩色或黑白效果依然显著，精细的线条、细微的点面或质地都可能最终影响标志的使用效果。在电脑上使用单色放大缩小反复打造一个标志的不同阴阳方面，可以有效地帮助你校正作品最佳效果。

有人说：“标志设计越简洁越好”。这种提法不一定正确，简洁不等于简单，标志设计如同写文章一样，应该本着有话则长，无话则短的原则，尽可能净化语言结构，可要可不要字句尽可能删掉。

二、标准色与辅助色

标准色（Standard Color）是指企业将某一特定色或一组色彩系统运用在所有视觉传达的实际媒介上，具有强烈的视觉效果，可作为经营策略的营销利器，从色彩的象征上就能大致判断出企业的产品、服务性质等。

色彩是视觉传达识别中最具活力的要素，有关色彩的知识在这里不再赘述，一般来说，这与色彩本身所具有的特性，所引发的心理联想（包括具象联想和抽象联想），共感觉（包括色听、心像、味道、嗅觉、触觉等），被赋以的社会意义以及不同地区人们的好恶风俗等等有密切关系。如柯达胶卷明亮的黄色充分体现了明朗璀璨的产品特性，高明度的色彩容易让人联想到室内拍摄时的光线补充。日本的富士胶卷同样地以饱和的红绿组合为标准色，给人一种青春活力的象征及亲和自然的联想，很容易使人将其定位在特别适用于户外的专用胶片上。（图2-25）（图2-26）

又如餐饮行业大都选用色彩明快、艳丽、饱和度高、偏橙偏红的暖色系，一般很少采用冷静的偏蓝绿色系，主要就是考虑暖色色温较高，易刺激人肾上腺素的分泌，产生食欲及对食品新鲜度的良好联想，而偏蓝绿的冷色易淡泊人的食欲，且易产生食物霉变的错觉联想。而科技、服饰品行业多以冷色、灰色系列为首选，形象化地表明产品的属性特征。（图2-27）（图2-28）

1.企业标准色的设定主要注意以下几方面：

（1）利于塑造企业形象：设定的色彩必须吻合企业的经营理念、产品的特性，表现企业的安定性、信赖性、成长性、生产的技术性、环保性和商品的优秀性。

（2）明确告知生产与服务的特定内容：考虑民族性、商品性等固定的色彩印象，鲜明地表达企业生产与服务的内容。

（3）强化企业的市场竞争战略：选定鲜明的与众不同的色彩，突破趋于同质化的走向，以扩大企业、品牌之间的差异性。

（4）考虑成本和印刷技术：尽可能选择印刷技术、分色制版合理的色彩，以便使标准色能够精确再现，同

图 2-24　安徽耿福兴大酒店标志／设计：田恒权

图 2-25

图 2-26

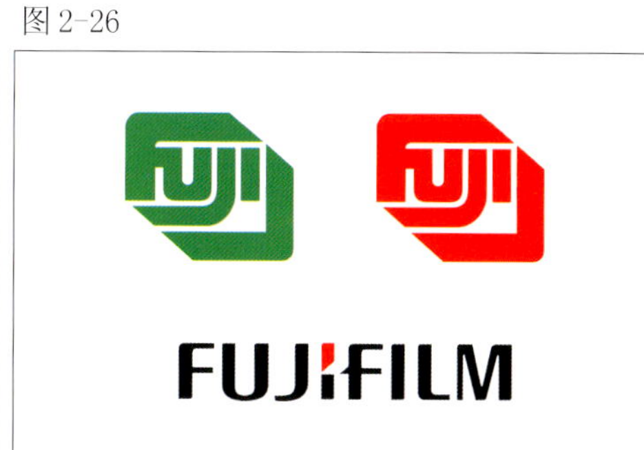

图 2-27　食品业

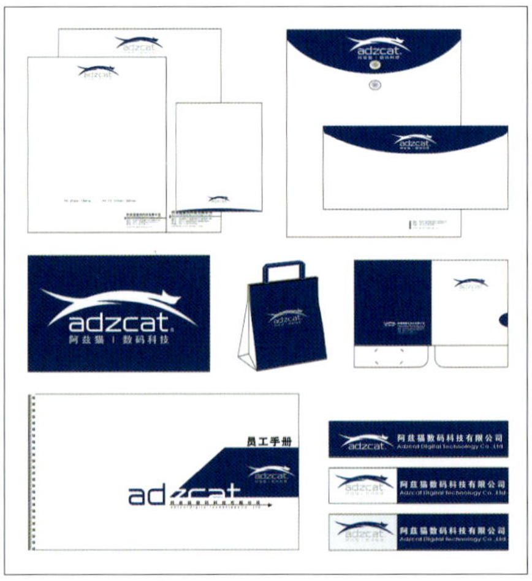

图 2-28　科技业

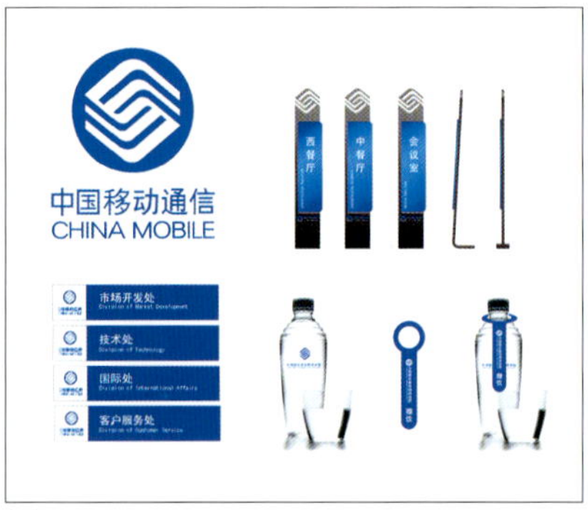

图 2-29

时也要根据具体情况考虑成本因素，避免使用如金、银等昂贵的油墨和涂料。

日本一家印刷企业的标志，在标准色的设计上，利用印刷套色的基本原理，即一般印刷都要制四色版：红、蓝、黄、黑，利用微小的色点进行空间混合，从而产生丰富的色彩效果。又如日本大阪煤气公司以蓝色作为企业标准色，用煤气燃烧时火苗的颜色——蓝色，形象地标识了公司产品的特征，同时蓝色又是大海的颜色，水的颜色，有灭火的作用，这就给这家出售危险品的公司树立了安全可靠的形象，若采用红色这类使人容易亢奋的暖色，则易使人产生不安定因素，失去安全感。

企业标准色是传播企业信息，建立统一形象的基本视觉要素之一。理想的企业标准色，既能正确的反映企业的经营理念、策略和组织机构的状态，又能为塑造和立扬企业的外在相貌起到特定的作用。标准色的设定一般有以下三种：

（1）单色标准色：具有集中、强烈的视觉效果。单色标准色易记、单纯。如中国移动通信的蓝色、中国农业银行的绿色、美国可口可乐的红色。（图2-29）（图2-30）

（2）复色标准色：表达色彩的组合效果，增强色彩的律动美感，同时传达企业的有关信息。复色是以两种色彩构成，但数量不宜过多。复色虽易区别于同业，但相对而言不如单色简洁。复色标准色在CIS中的应用一般对层次和色彩气氛的渲染效果较好。如杉杉集团的蓝与绿，富士胶卷的红与绿，安徽鲁班集团的红与蓝，芜湖百信医院的绿与白等。（图2-31）（图2-32）

（3）多色系标准色：标准色的制定，往往决定主色之外的辅助色彩。在一般情况下选择一个色彩为企业的标准色，再配多个辅助色彩。其主辅关系有时是企业品牌的需要，有时也为表达母系公司的身份和关系，亦可表示企业内部各部门的视觉区分表现或产品的分类等。一般辅助色数量视需要而定，在应用中不能喧宾夺主，造成主次不分。

企业标准色的设定实例：

安徽华星化工股份有限公司的标准色，是以清澈明朗的天蓝色为企业标准色。蓝色，被企业认同为科技蓝，比较适合企业的产业性质；蓝色又给人以严谨、厚实和稳健之感，能让人联想到产品的安全、可靠、优质，同时也与企业理念、标志内涵相一致。因此，蓝色是企业首选的颜色。于是企业委托CIS领导小组对企业标准色进行了全面调查论证。内容主要分为以下几个方面。（图2-33）

（1）产品开发与市场战略

调查内容逐渐延伸到企业科技创新、市场拓展以及产品研发等项目中。安徽华星化工股份有限公司是以生产农药产品为主的企业，在全国超大型同类企业中，华星的发展规模可能略逊一筹，但在产品开发和市场占有率方面，却遥遥领先。所以，在企业标准色的设定上，一方面应含有科技创新的主导思想，另一方面要考虑产品安全、可靠和信赖感。

（2）色彩印象和应用调查

本阶段是将华星多种农药产品整理出相同的色彩并与标准字配合，进行色彩记忆性和视认性的比较。并从印刷技术性、油墨涂料适应性及色彩的印象三方面作最后的综合分析。除此以外，还召集社会方方面面，包括许多客户对于华星化工企业标准色——蓝色的观感。同时在全行业及相关行业所使用的标准色，也都被列入调查研讨之内。

经由上述各个阶段的认真调查分析，安徽华星化工企业标准色终于在严谨的色彩调查之后产生了。企业标准色设定是市场战略的重要组成部分，在一般情况下企业是根据自己的产品特征、市场定位以及消费群体的习俗、文化氛围等诸多因素而确定的。如：南京格瑞福得咖啡厅视觉识别系统设计，企业标准色选用的是深褐色，有点象咖啡豆的颜色，这与传统的咖啡文化有一定

图 2-30

图 2-32

图 2-31

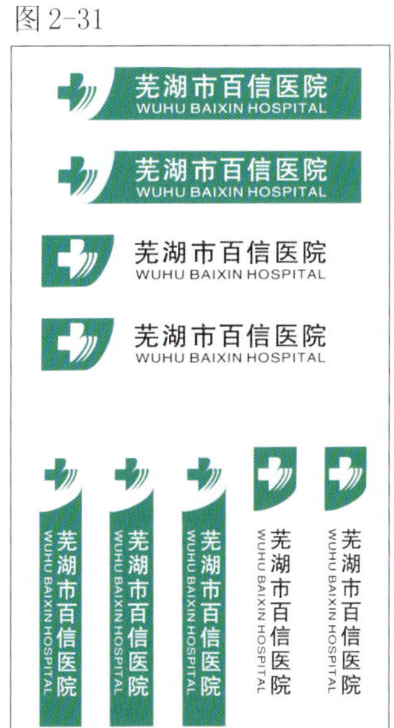

图 2-33　安徽华星化工股份有限公司标准色系统

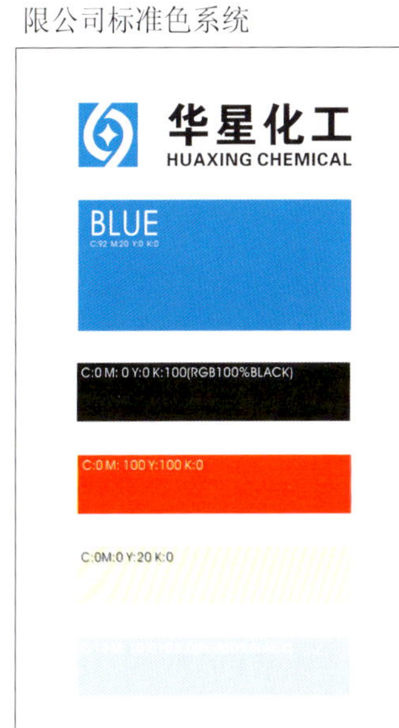

图2-34

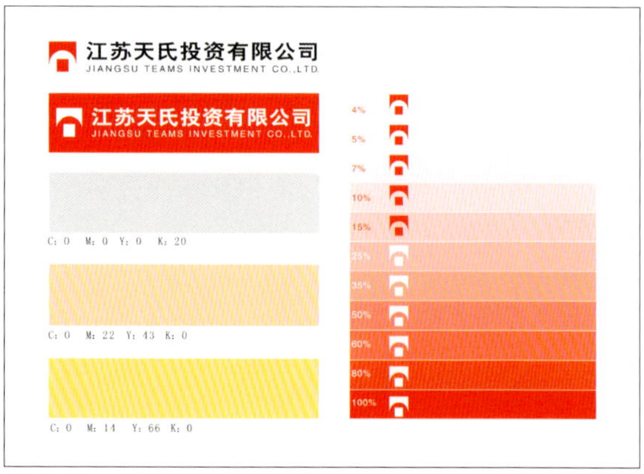

图2-35 江苏天氏投资有限公司标准色及辅助色系统

的联系。为缓解这种过于沉闷的色调，以满足众多消费群体的需求，我们在辅助色的搭配上增加了一些明快的色系，如银灰、浅黄、中黄等，目的是想营造一种既雅致又不失活泼，既传统又有活泼的一面。

2.辅助色的设定

辅助色主要是为了区分企业集团子母公司的不同和公司各部门或品牌、产品的分类，利用色彩的差异性易于识别和区分。如可口可乐公司除了风靡世界的可口可乐外，还先后开发了如Sprite、TAB、Mr.Pibb、Fanta、Hic等饮料品牌，为塑造每个品牌的不同口味和形象，在字体和色彩上各不相同；再如苹果公司由原来多色系的标准色形式，改变为多种单色的形式，这种调整利用了色彩差异，达到有效的“色彩管理”；美国全国广播公司（NBC）的标志也是运用多种色彩达到其目的。（图2-34）又如美联社联合空运公司不同等级机票以各种辅助色来表示：金色表示头等舱、银色代表商务舱、蓝色代表经济舱等。

例如日本三菱银行的标准色的设定步骤：

（1）调查研究：收集尽可能多的各类银行使用的标准色，了解同行们的色彩效果和认知形象。

（2）纳入系统：对收集的资料进行分类并加以效果评估分析。

（3）形态分类：对各银行的标准色，根据人们对此不同的感受和联想加以形态分类，从中找出与企业形象相关的要素，如温暖、柔和的红色系、橙色系，具有火热联想感觉，给人活泼轻松、热情亲切及赤诚服务的美好印象。

（4）设定形象：根据公众对银行的总体印象及区别于其他银行的印象，设定符合自己三菱银行的色彩，将原有不符合新形象的深红色标准色改为鲜艳、活泼的朱红色，既保留了原有色彩温暖而富有朝气的感觉，延续了公众对此的认识，又塑造了热情服务的新的亲切形象。

（5）效果测试：对选定的色彩进行认知度、记忆度、诱目性及制作项目中各项技术指标的测试。（图2-35）

三、企业标准字的功用

企业“标准字”（Logo type）是企业专用的标准字体，是VI基本要素中仅次于标志的设计项目。“标准字”除了与标志组合运用以外，也可以直接传达企业信息。“标准字”几乎涵盖了视觉识别体系中的各种应用要素，其出现的频率及重要性决不亚于标志。更由于文字本身具有明确的说明性，可直接将企业品牌的名称传达出来，通过视觉、听觉的同步传达，强化企业形象与品牌形象。因此，企业标准字的设计在企业识别系统的视觉传达中有着非常重要的作用。

标准字是企业的品牌名称。标准字的设计，一般是根据企业的属性、产品特征等特别设计的企业专用字体。标准字是通过系统规划，“法定”其字距、行距的比例关系，包括组合编排方式（模式）等，构成企业明确统一形象之要素。因此，对“标准字”字体的统一造型设计应作周密的规划。

标准字与普通铅字的最大差别在于具有强烈的总体风格和个性特征。标准字的设计是根据企业名称、品牌名称、活动主题、广告符号精心设计创作的。但是，随着市场的变化和信息时代飞的速发展，国内很多企业在CIS中要求使用与企业标志相适应的印刷字体，这主要是利于应用方便、快捷。在日本CIS案例中也经常使用统一的中文印刷字体，如黑体、黑体简体、综艺体、宋体等。然而中国型的CIS与日本的CIS设计有明显的区别，其中字体的运用就大有不同。

1.标准字的特征

（1）识别性：标准字的识别性体现在独特的风格与强烈的个性印象上。依据企业的经营理念、文化背景和行业特性等因素的差异，塑造不同个性的字体，传达企业性质与商品特性，达到企业识别的目的和审美需要。

（2）易读性：企业标准字应具备明确的传播信息，说明内容之易读效果，以满足企业高效、快捷、利于识别的瞬间传达效果，这是标准字的应用根本目的所在。

（3）造型性：标准字不仅通过其特征传达企业的个性形象，而且要力求唯美传达，创造具有美的意境形象，以增强企业的形象力和可读性。

（4）系统性：标准字体与企业标志以及其他要素搭配组合后，必然导入企业识别系统，以贯彻视觉传达的统一感、整体感，由此具有应用性、表现性和要素间保持协调、适应和形式美感。（图2-36企业名称标准字体设计）

2.标准字的类别

标准字类型较多，功能各异，如果按照各自性质的概念区分有以下几种（含英文字体）：

（1）企业标准字：经过认真设计的统一企业名称，传达企业精神、理念，建立企业品牌和信誉的字体。

（2）字体标志：将企业名称设计成具有独特个性，完整意义上的标志，达到易读、易认、易记便于传播的目的。

（3）品牌标准字：企业品牌标准字与商标组成完整的信息单位，在传达中各自发挥其重要作用。

（4）活动标准字：这种字体是专为新产品推出的，为节日庆典、展示活动、社会活动、纪念活动等所

图2-36

图2-37 浸信会出版社各部门字体标志／设计：蔡启仁

设计的。

（5）标题标准字：主要用于广告文案、报刊专栏、小说连载、产品广告、海报、书名等。这种字体要变化小、结构清晰简明。（图2-37）

标准字体均应在VIS系统中加以详细制定，各种字体须制定精确的比例，可利用方格稿或制图稿，以限制字体的各种规格，以利于在应用中保持完整的视觉形态。

3.标准字的设计步骤

在VI设计中，标准字是一个重要的设计环节。因为它与一般印刷字体不同，标准字体的字距、笔画以及整体造型结构都要经过严格的设计，因此不仅需要依据，同样需要上面所讲的企业理念、经营性质等方面，而且还需要了解同行业的标准字使用情况，以免出现相似或相仿的不良现象。

（1）明确字体属性：字体的不同造型会给人心理产生不同的感受和联想。因此在企业标准字设计中，必须考虑字体属性与产品的性质是否相符，必须考虑字体结构与企业标志之间是否协调统一。例如：建筑和重工业类选择刚劲、棱角分明的字体；日用品和服务业类选择笔画纤细柔美、圆润轻快的字体；儿童用品选择活泼明快，略显幼稚轻快的字体；高科电器、电子产品则采用体现现代节奏并且具有时代气息的字体。

在VI设计系统的专用字体中，一般是对专用字的外形、笔画和结构三个面进行调整。常用字体一般限于方形，因此专用字体设计中首先要突破旧的格局，强调字体的外形特征，使字形外部造型产生变化。同时在字体的结构处理上为了打破传统字体已形成的条理、规范和均衡的定式，突出创意，可有意识地夸大或改变字体结构的某个局部或偏旁，使专用字体的结构形成区别于其他的全新形象。

（2）塑造字体风格：设计师对企业文化、文字内涵的表现理解是决定字体风格的主要依据。设计师在设计过程中将企业文化内涵赋予文字造型，力求获得新颖独特、具有审美价值和实际功效的字形风格是设计的最终目标。

（3）字体的编排：字体的编排应遵循阅读习惯，按照横向与竖向两种形式排列，同时要保证两种编排字体特征的一致性和整体性。

4.标准字的设计方法及原则

标准字制作与标志制作方法大体一样，同样运用网格、比例、角度学制图法。

在企业形象设计中，凡企业名称、品牌名和产品名等等，均应特别设计标准专用字体，除出现于印刷内文中必须使用统一的印刷字体外，原则上不得使用非专业化的通用字体，如需要，应特别分类说明。

当今字体的造型形式丰富多样，不同的字体会引发不同的联想，据研究发现：由细线构成的字体，易使人联想到纤维制品、香水、化妆品等；圆滑柔和的字体，易使人联想到香皂、糕点、糖果；角形、粗壮的字体易使人联想到机械类、重工业用品类的东西……，因此，企业在设计标准字体时，必须考虑字体是否符合企业的产品性质，如女性化妆品一般采用秀美、纤细的字体，体现女性温柔细腻的特点；重工业用品类用粗壮的黑体较为适宜，体现力度和牢固度；儿童用品字体要活泼欢快，略显稚拙，以示童心的天真烂漫；一般手工艺品，采用风格各异的书法字更能显示艺趣；电子产品、时装等应配上有现代感的字体。

5.设计步聚

（1）确定造型

（2）配置笔划

（3）字体统一

（4）排列方向

一般标准字的设计分为变形设计及衍生造型两大类：

（1）变形设计：字形大小、线条粗细上略作修整，正负互反，字形线框的空心体，网点、线条的变形，立体表现等。

（2）衍生造型：将标准字重复组合，将点、线发展成面的图案是最为常见的衍生造型，缓和标准字独存时单一呆板的感觉，分三种形式：标准字的集合构成、标准字与其他造型要素的结合、标准字渐变的动感表现形式。

A.以瑞士型粗大字体为基础，为了适应应用需要而采用两种形式：其一迁就特殊空间需要分写成行；其二

图 2-38　企业名称、品牌标准字体设计

图 2-40

图 2-39

集中成一行，形成强烈的视觉冲击效果。

B.标准字可分为阴阳两种字，依据底色明暗程度不同加以选择运用。

C.“ConAgra”可用水平方式或垂直方式书写，但在分为两行时则只能用水平方式。

D.标准字组合规范错误应用示例：倾斜、弯曲和随意地抄写使用企业名称标准字是不允许的。

E.字体部分颜色与底色重复、故意将Con和Agra以不同颜色进行区别或利用烫金等手段处理企业名称标准字也是禁止的。

6.标准字种类

（1）企业名、公司名、机关团体名标准字

（2）品牌名、产品固有名、店名标准字

（3）活动名、标题标准字（图2-38）

四、企业造型的表现与功能

企业造型的英文词为“Corporate Character”，按国内易于理解的名称即是企业吉祥物（Mascot），是一种有特别意义的视觉要素。

企业造型可以选择、提炼适宜的人物、动物、植物或其他物体的个性特征，以夸张的手法创造出具象、抽象、夸张变形等特定的亲切形象，借此强化并图解企业性格，诉求产品特质。

按其作用和意义可以分为两类：

其一是体现企业标志的意义，如可口可乐促销活动的吉祥物造型（图2-39），网页吉祥物的变化造型（图

图2-41

图2-42

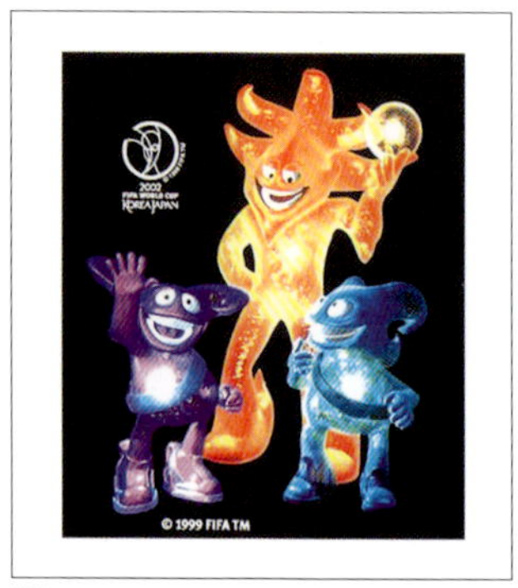

图2-43

图2-44

2-40）以及日本LION公司吉祥物的动态设计等。（图2-41）

其二是补充吉祥物象征意义，说明其性质或显著特性。如2008年北京奥运会吉祥物福娃造型融入了鱼、大熊猫、藏羚羊、燕子以及奥林匹克圣火的形象。他们的原型和头饰蕴含着其与海洋、森林、火、大地和天空的联系，每个娃娃都代表着美好的祝愿：繁荣、欢乐、激情、健康与好运。贝贝传递的祝福是繁荣。在中国传统文化艺术中，“鱼”和“水”的图案是繁荣与收获的象征，人们用“鲤鱼跳龙门”寓意事业有成和梦想的实现，“鱼”还有吉庆有余、年年有余的蕴涵。贝贝的头部纹饰使用了中国新石器时代的鱼纹图案。贝贝温柔纯洁，是水上运动的高手，和奥林匹克五环中的蓝环相互辉映。（图2-42）

又如2002年日韩世界杯足球赛的吉祥物是三只来自太空的精灵。当时，负责吉祥物设计的国际设计公司亚太区总裁特伦塞·奥利弗说：“我们相信2002年世界杯将是一项全新的赛事，于是我们选择了一种全新概念的吉祥物。”这组吉祥物是利用高科技创作的，它充满幻想，又生动有趣，并且考虑到了各种文化意识，同时也为今后的吉祥物创作开辟了新的思路。（图2-43）

吉祥物设计需要注意的是，在题材的选择和造型的设定上必须考虑不同的风俗喜好、宗教信仰等方面的问题，同时还要考虑企业经营的内容。企业造型设定后，可依据需要设计制作各种变体设计，如微笑、跳跃等不同表情、姿势，以强化企业造型的说明性与亲和力，当然，也可以只用固定的表情与动态。

大型体育运动会一般都有吉祥物，体现主办者的特色，其代表的意义与企业造型精神近似。自从1972年慕尼黑奥运会吉祥物“瓦尔迪”小狗首次露面，此后各种各样的吉祥物纷纷涌现，如洛杉矶奥运会的“山姆”老鹰；（图2-44）2000年悉尼奥运会的笑翠鸟“奥利”、鸭嘴兽“希德”和针鼹鼠“米利”，象征空气、水和土地；（图2-45）2008北京奥运会的“北京欢迎您”五个福娃造型等。由此可见，随着时代的发展，VI的设计观念也不是一成不变的，不可更改的，因此，设计师必须有不断创新的精神和勇气，只有不断拓宽我们的创作思路，与时俱进，才会有所发展。

企业造型设计，在我国由来已久，其历来多有实例。最典型的就是明代北京名店“马聚源毡帽庄”。十七世纪的明代后叶，北京西山有一猎户，一日猎得黑猱一只，其皮毛柔软无比，世间罕见。猎户携猱进京城售获巨款，而后便在黄金商业区前门外鲜鱼口置业开店，专营毡帽，生意兴隆，获利极丰。为图吉利，猎户专聘工匠刻木猴，置于店前，也为招幌之用，意其为吉祥物造型。从明代到清初，马聚源毡帽庄之黑猴，京师无人不知，堪称企业造型之经典之作。

在当今CIS设计和应用推广中，企业造型对消费者大众的影响有时远远超过其他要素，比标志、标准字更深入人心，成为该企业形象最集中的体现。如深圳特区世界之窗、台湾巧登欣梯业公司、深圳发展集团、台湾省宜兰县五结乡农会等。（图2-46）（图2-47）（图2-48）和（图2-49）究其原因在于企业造型所拥有的三大特性：

1.表象性：

即以具象的图形“图解”企业或产品的意义，内容简单明确、一目了然、过目不忘。而且没有文字语种的隔膜，是企业所需传导的信息的进一步传递。

2.趣味性：

造型元素多用人物、动物、植物的具象造型力加以简练、生动、自然、亲切、可爱的变化处理。在设计中又往往做若干动态变化的系列处理。其风格多富漫画、卡通风格。因而不仅比“静态”和“无生命”的标志、标准字生动、可爱，也比其实际原型更富风趣、亲切可人，达成企业与公共社会、消费大众的“情感上的沟通”，为企业的形象提升，开拓市场创造了商机。

3.可塑性：

企业标志和标准字，属严格规范化应用的形象符号，自由发挥的余地相对有限。而企业造型却拥有相当大的可塑性。在确定其基本型后，其应用型的形态、动势、表情、活动情节等可以变化、延展。可根据CIS应用推广的各种媒体、场合、时令、环境、运用形式和方式，灵活设计，适机而用，以丰富企业形象的视觉语汇，强化企业形象宣导的力度。（图2-50）

五、次要而重要的“辅助造型”设计

辅助图形（Symbol Pattern）有时也称装饰花边（Decorative Stripe），是企业视觉识别系统中常被灵活运用，强化企业形象，弥补基本要素的设计运用不足的附属图形。由于应用设计项目种类繁多，需要一些有

图 2-45

图 2-46　深圳世界之窗吉祥物 / 设计：陈志

图 2-47　台湾巧登欣梯业公司吉祥物 / 设计：陈柏全

图2-48　深圳发展集团吉祥物／设计：唐唯翔

图2-49　台湾省宜兰县五结乡农会吉祥物／设计：陈星光

图2-50　广东科龙空调器有限公司企业吉祥物

弹性变化的图形符号作适度的修饰，补充企业标志、标准字等基本要素在应用项目和传播媒体中的适应性。

辅助图形一般采用比较简单、单纯的造型为基本型，特别是几何图形，可伴随着主体内容的变化而进行多样的排列组合，从而产生多变的构成形式。常见的有圆点、直线、方块、三角、条纹、星形及不规则图形等，加以填充、渐变、折曲、重复等等修正调整，可依据对象的不同作多样的排列组合。可从企业标志图形中派生变化，也可以另外开发设计。辅助图形确立后也需进行规划作业，以建立一个系统化的、标准的企业形象体系。

在世界各地CIS的VI系统设计中，对辅助性的设计系统称谓有时不一致。有的名为“辅助图案”，有的称为“象征图案”，这是同一事物的两种不同的称谓，不同的名词。其实，辅助设计的元素一般来自于企业标志图形的结构中，是将其中的局部或全部形态加以延展或修饰变化、重新组合的一种造型设计。因此，也可称之为“辅助造型”。辅助造型又称为辅助纹样，是企业识别系统中除标志、标准字、吉祥物之外另一种需要重视的图形系统设计。（图2-51）

“辅助造型“是特意开发，具有单纯而清晰的装饰效果和形式美的图形。它对于衬托主题，增强视觉层次，丰富画面的内容起到一定的装饰作用。CIS中的辅助造型一般可根据整体设计中的实际需要，组成连续纹样，同时也可上下左右自由组合，应变性和可塑性较强。但辅助造型设计不可以因为好看随意设定，应与企业标志、产业特征或企业精神主旨保持密切的关联性以及视觉上的一致性。

辅助造型，一般为抽象的几何图形，具有单元组合的灵活性，是CIS视觉要素中最具“弹性”的设计。因此，在CIS规划设计中，开发辅助图形并刻意发挥其“弹性”，可增强识别系统的层次感和强化主题的表达。辅助造型设计，作为单元纹样又能充分运用一切可能的表现，以达到丰富视觉识别体系的传达效果和应用的扩展性。如“芜湖耿老五酒楼“视觉识别系统中的辅助造型设计，就是以耿老五酒楼标志的外形局部作为基本要素，通过变化组合，构成近似于中国吉祥图案中的“水波纹”造型。水波纹，流水之意，有连绵不断的含义。象征福寿延长，富贵不断。在中国传统吉祥纹样中被释义为：潮水之潮与朝字同音，有一品鸟之称的鹤立于礁石之上，称之为一品当朝。为此“水波纹”被应用于朝服之上，是富贵和荣耀的象征。今天，将其开发沿用于CIS的辅助造型中，则象征着企业蒸蒸日上，兴旺发达。（图2-52）

再如南京格瑞福得咖啡厅视觉识别系统的辅助造型

设计，设计摘取企业标志的局部重复组合一个造型，整体好像带叶的咖啡树枝，既突出企业的个性特征，又象征绿色、健康之意。在这个设计上，树枝的基本型是运用不规律的排列构成的，给人一种轻松活泼感，很适合休闲的咖啡厅环境。（图2-53）

辅助造型设计的方式归纳起来有以下几种形式：水平组合式、垂直组合式、垂直双向组合式、循环组合式、放射组合式、塔形组合式、自由组合式。辅助造型设计的根本在于单元构造组合，而单元中的要素一般是取之于标志。有经验的设计师会将较简单、不起眼的形象要素通过排列、重组，便会构成十分丰富、优美的图案。在辅助造型的设计中，应根据企业理念和文化特征进行目的性设计。如辽宁盘锦市建设投资有限公司在CIS中所塑造的辅助图案，就是运用标志的整体组合，构成中国传统图案中的回纹纹样，整体有连绵不断的感觉，具有较强的装饰性和秩序美，适应企业在视觉传达系统中广泛应用。（图2-54）

辅助造型设计，在CIS视觉识别中举足轻重，是扩大应用幅度和深度的一个重要区域，也是增强企业视觉形象感染力的次要而又重要的形象要素。（图2-55）

企业辅助造型设计和其他视觉要素一样，有自身的特点和规律，由于具有辅助的说明特点，因此在设计中应遵循以下原则：

（1）识别性原则：

企业辅助造型应具有强烈的识别性和独特的造型风格，所谓“独特”就是根据基本视觉要素的特点，挖掘设计出相对独立并富有艺术感染力的个性化视觉造型。比如辅助造型在单独使用时也能传达出企业的整体形象信息和识别特征等。

（2）统一性原则：

企业辅助造型，一般要和主体视觉要素（如标志、标准字等）保持统一，不可只为片面地追求视觉上的好看或特殊效果而失去全局，这也是CIS视觉识别系统整体规划时应认真把握的问题。

（3）造型性原则：

辅助造型，意在于“型”，而型的构造又取决于结构组合。因此，辅助造型设计应依据图形设计的形式美法则去寻求创造美的图案形式，以适应于总体视觉形态的应用表现。

（4）延展性原则：

辅助造型作为比较灵活的视觉要素，既要适用各种视觉传播的需要，又要具有较强可塑性，以适用各种变

图2-51　安徽华星华工股份有限公司CIS的中的辅助图形设计

图2-52　耿老五酒楼辅助图形设计

化、延展制作及各方面的开发运用。同时还应保持始终统一的视觉形象力，这对企业来说是极为重要的一点。

六、基本要素组合规范

基本要素组合规范是指以规范法则的形式，制订各要素间进行合法的组合关系以及被禁止的组合关系，以达到组合符号要素统一、系统、标准化的视觉传达目的。

CIS视觉识别系统中的标志、字体及辅助造型的有机组合和空间比例关系，既要准确、细化、得当，又要在实际应用中规范有序，不得随意改动，以强化基础符号在应用中的整体感和严谨性。

课后思考与练习：

1.为什么“原创性”是VI的生命?

2.企业辅助图形开发对VI整体上有什么影响?

3.试析辅助图形与标志之间的相互关系?

4.试析标志设计的几大原则。

5.选择一个品牌进行CIS系统分析。

图 2-53　南京格瑞福得咖啡厅辅助图形设计

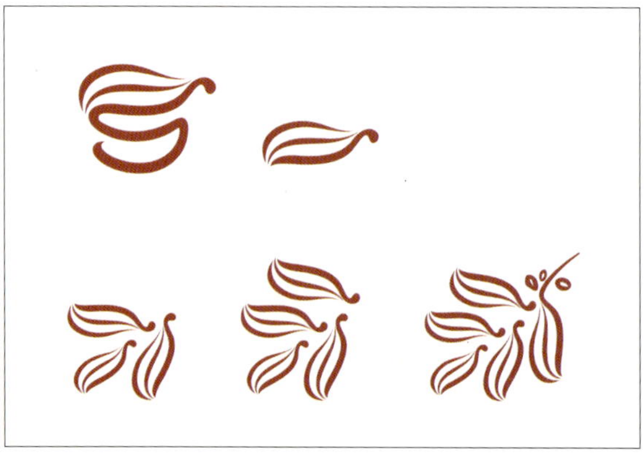

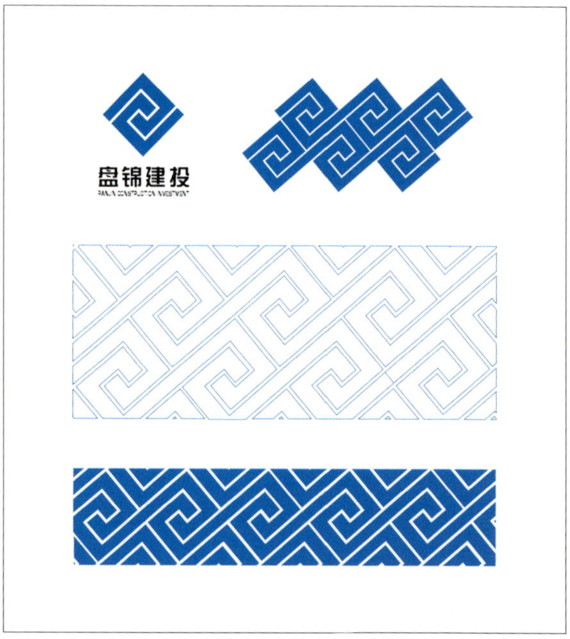

图 2-54　辽宁盘锦市建设投资有限公司 CIS 中的辅助造型设计

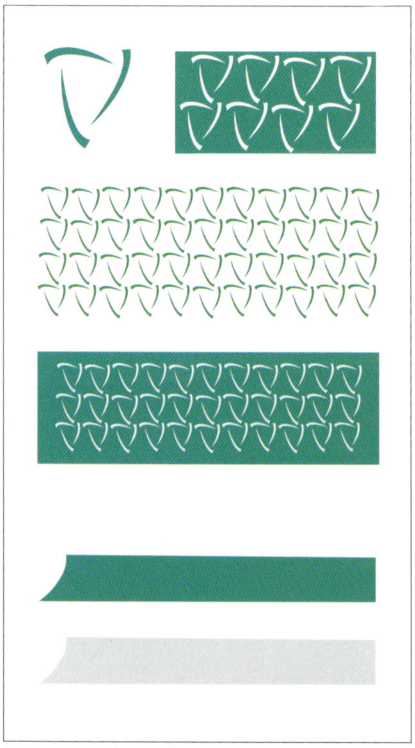

图 2-55　安徽百信医院 VI 中的辅助造型设计

第三章

VI应用系统的开发与设计

第一节　办公事务用品系列设计

第二节　产品形象系列设计

第三节　包装系列设计

第四节　广告系列设计

第五节　报纸广告

第六节　环境识别系列设计

第七节　旗帜设计

第八节　车体系列设计

第九节　服饰系列设计

CIS整体形象的实施是面向市场。市场策略的前沿是形象力，它的信息鲜明度来自策略化的同一形象符号的组合推广。忽略形象力的塑造和形象表现，对企业的发展来说十分不利。由于许多企业缺乏这方面应有的认识，给企业带来许多负面影响。比如：企业文化建设、经营意识不足、管理无序等方面。企业形象基础要素如果没有企业内外多方位载体的应用表现，也就失去了形象识别一体化传播，因而企业标志形象就毫无价值。应用系统的设计与运用，是企业机构形象表现的实际发展，是企业外部相貌的系统化组合，也是人们识别企业形象的最直观途径。

每个企业都有适应自己的应用设计项目。由于各自特定的形象载体不同，因此设计的结构、形态、效果也会各异，这就是企业间各自形成独立的形象识别体系的重要区别所在。一般而言，从一张小小的名片到大型环境形象，这之间主要包括有：办公事务系列、商品形象系列、包装系列、广告系列、环境系列、标识系列、指示符号系列、旗帜系列、车辆系列、服饰系列、陈列展示系列、公关礼品系列等。同时，基础系统的开发与设计若得不到应用系统的实施和推导，也就失去了企业形象识别传达的整合力量。

在应用系统的开发与设计中，设计师可依据企业自身的产业特点和实际需要，有目的地选择或调整一些应用项目内容。一般规模较大的企业应用项目的种类相应比较多，系统涵盖面广，涉及领域比较广泛。实际上，在VI应用系统的开发与设计中，每一个项目的设计都可能是一个新领域，为了系统地学习和了解，下面对一些常用项目做一简单介绍，以供学习参考。

在CIS视觉识别系统中，办公事务用品设计是整个体系中，涉及面最多的一个项目。由于办公事务用品扩散大、扩散面广、传播效率高、渗透力强、作用时间持久，所以是企业重要的视觉传达载体。

办公事务用品具有双重功能，既有公务上的实用功能，又有视觉识别功能。企业在各种活动、业务往来、日常交往中办公用品往往起到了重要的宣传和传媒作用。办公事务用品主要包括信纸、信封、便笺、文稿纸、传真纸、明信片、文件袋（夹）、介绍信、贺卡、请柬、办公用笔、公司专用笔记本、企业印鉴等。这些项目都是企业对外的媒介，并适当地将企业基本信息传达明确。如企业标志、中英文名称、标准色、联系方式及辅助图形和辅助色等。

要将这类办公用品设计好，必须了解各种用品的用途和规格，从要素编排、色彩、纸张材质、印刷方式等方面入手，在逐一设计时应有一个统一的编排格调，形成一定的整体系列感，使这类用品除了自身的实用功能外，还起到有效的宣传媒介作用，加强企业整体形象的识别，而贺卡、请柬、明信片等礼仪用品设计则可相对活跃些。

如名片、信封、信纸、便签、传真纸、工作证、记事本、公文夹、资料夹、票据、证书、徽章、烟缸、礼品、贺卡、请柬、接待家具、餐具等。这些项目的设计中应以CIS基础符号做一体化设计，同时应注意企业理念与基本要素之间的应用关系，注重企业形象的整体美感的实用功能。

办公事务用品直接影响企业的风貌和员工的心理。因此，事务用品设计要规范和科学管理，应给人以条理整齐、正规美的意象和新世纪的时代感。这样有利于形成企业的优良风格。在心理上可以造就员工的自尊心和自信心，责任感和荣誉感。同时，给员工的精神状态、服务态度、工作效率所带来的潜在影响也是不可低估的。

办公事务用品由于品类不同，设计既要有所差异，又要保持构成要素的基本相同。大体包括：企业标志、企业名称、标准字、辅助色、象征形象和辅助造型、联系地址、电话、电报、电传、邮政编码，有的还有纸品名称。如：请柬、报价单、预算书以及各种票据、报表名称等，有的还包括企业标语、经营内容、创立符号等构成要素。另外还有图形、色彩、文字、印刷表现、纸质肌理、空间布局、天地边角等设计要素；运用繁简疏密，粗细大小，虚实浓淡等形态技法，达到有对比调和、统一变化或对称均衡等视觉效果，通过设计表现传达企业的风格特征并形成统一的形象体系。

第一节　办公事务用品系列设计

一、名片设计

在一般情况下，初学者不会注意到名片的设计。而恰恰相反，小小的一张名片却是企业员工对外表明身份的媒介，虽是个人身份标示，却也从一个侧面传达了相当多的企业信息，甚至可以窥见整个企业的风貌和精神，因此应当引起重视。

名片的基本内容一般包括企业的名称、标志、标准字、标准色、地址、邮编、电话、传真、网址及人员个人信息，如姓名、职务、部门和联系方式，如电话、手机号、E-mail等，有些也可附加诸如企业的经营业务，企业标语和有关信息其他内容。编排格式及组合关系应依据企业形象设计的统一风格编排，名片的规格有单面、双面和翻页。名片的标准尺寸一般为55mm×90mm。如客户喜爱特殊尺寸，可以作适当的变化调整。名片的高度不要低于45mm；高过55mm造型的，可考虑将多出的部分进行折叠，而宽度则不宜变化，因为大多数名片夹，名片盒都是按照标准尺寸制作的。

图3-1　江苏天氏投资有限公司名片设计

名片的设计，通常是将内容均设计在一个纸面上，当然也可作双面设计。其内容包括标准标志、企业或机构名称、使用者的姓名、职务、企业或机构的联系方式以及个人的联系方式等。名片设计一般要突出企业或机构的标志、名称和使用者的名字。版面布局要疏密得当、简洁清晰，应按照CIS视觉识别系统的整体计划设计为宜。名片的材料选择有一定的流行性，一般分普通名片和特殊名片两种材料，在设计时可适当根据不同材质区别进行。（图3-1）

二、信纸设计

信纸设计应配合书信的标准格式，在适当的位置编排企业的名称、标志、地址、邮编、电话、传真、网址等。一般常见的信纸规格有以下几种：184mm×260mm（16K）；216mm×279.5mm和210mm×297mm（A4）。信纸中的设计要素包括企业标志、中英文名称、标准色、联系方式、辅助图案等。设计要素的组合与名片相同，信封的设计可取其风格样式一致。但需要注意的是，设计时在信纸上要留够功能区域的面积，不可让设计要素将书写位置占去太多，使其失去它原有的功能。为了强化信纸的设计感和装饰性，可适当将纸面进行装饰，其方法如下：

（1）大面积设计辅助图案以增加层次美感。

（2）局部设计辅助图案，显得别致新颖。

（3）运用标志、企业造型布局画面，会产生动感。

（4）缩小图案散点排列，会形成典雅和秩序感。

信纸的材料一般采用80克~100克的普通纸即可。如果是草稿用纸，可以使用最低廉的文件纸。特殊用信纸可以采用特种纸，其色彩，肌理，质地，厚度要根据设计需要选择。（图3-2）

三、信封设计

信封的尺寸规格：各国各地区习惯的尺寸规格各不相同，信封的种类和规格则较多。由于邮寄信封要按照邮政部门的规定尺寸设计，因此，对信封的设计规格有严格的要求。一般常见的规格有：小号为220mm×

图 3-2　江苏天氏投资有限公司信纸设计

图 3-3　江苏天氏投资有限公司信封设计

110mm；中号为230mm×158mm；大号为320mm×228mm。信封的设计位置和范围都是有规定的，一般只能利用信封左下角的指定位置。

国内标准信封设计：有一定的编排规范，一般配合收信人姓名与地址的位置，编排发信企业的名称、标志及回邮地址。一般在信封的右上角预留位置贴邮票，左上角预设邮编红色方框，特殊信封一般不通过邮局递送，设计上应配合用途进行设计，并与整体风格协调一致。

企业或机构的设计要素，主要设计内容为企业机构的标志，中英文名称和通信地址、电话、网址等。为增强封面的层次，可适当衬托一些辅助图案和辅助图形等要素，但只能少而精，尽可能保持面层的简洁、单纯。信封材料一般为80克~100克的不同纸即可；中号以上的信封常用白牛皮纸或彩色牛皮纸；特殊信封可以选用80克~120克的特种纸。（图3-3）

四、便签设计

便签在办公事务中的用途是草图、速记及记事等，不作为正式文件用纸。因此，对规格的要求也比较宽松。然而作为文头纸，为了避免浪费，往往将规格与标准信纸相结合，并相应缩小比例，一般为1／2、1／3、1／4、1／6等。

便签的材料多半使用廉价的纸张或再生纸，但也有一些企业机构对文头纸的要求较高，尤其是企业中的接待、客户服务等部门就不能过于节约。使用纸质也是在凸显企业的服务质量。

便签的设计样式一般与信纸的设计一致。为了使两者之间有所区分，一般略作简化处理，同时也为书写留有更多的空间。

在办公用品事务中，档案袋、资料夹、文件夹、请柬、贺卡、证书、票据、徽章、烟缸、礼品、接待茶具等，这些都是传达企业文化的形象载体。在设计时，应以基础符号为主体元素做一体设计。但应当注意的是，基础符号在具体项目设计中，应视具体情况选用辅助色、辅助图形和象征形象，以增加画面的层次和美感。如安徽芜湖市商业银行和安徽华星化工股份有限公司在

CIS的以上设计项目中，一般都是采用辅助色、辅助图形来衬托设计的，使画面形成鲜明的层次对比，并保持风格和形式上的一体化、个性化和时代性。（图3-4）

第二节　产品形象系列设计

产品形象系列设计，一般是在产品上注入CIS视觉识别符号元素，这不仅是对企业权益保障和责任的体现，同时也是对企业提高产品形象，对消费公众产生更长久的影响的重要因素。一般通常采用两种做法：一是把标志与字体直接印造在产品上；另一种是将标志、品牌字体、象征形象等用不干胶印刷品附贴在产品上，而色彩的选择主要以标准色为主，画面简洁而单纯，富有冲击力。（图3-5）（图3-6）

第三节　包装系列设计

在应用系统中的包装设计，主要是将企业产品的各类包装条理化和系统化，设计风格和表现手法应该接近和统一，使之成为企业整体形象中的一部分，包括各类包装纸、包装袋、包装盒、包装箱、容器、商品标签、包装用的封缄、粘贴商标及其他专用包装材料。

在CIS设计中，包装是产品转化为商品并作为商品一部分的重要行销要素，也是企业面孔。企业的产品包装容器、贴纸、小包装、中包装、包装箱、包装纸、包装袋、礼品包装或企业事务专用包装都应将基础符号作鲜明、规范化设计，同时应该注意包装结构与画面设计的协调性和整体感。

包装设计的视觉层次主要包括CIS视觉识别基础符号、其他形象（如产品形象、消费者形象、背景形象等）及包装文案等相关要素。

基础符号在包装上的主要体现为企业标志、企业名称、字体及标准色的同一性规范应用，当企业标志与品牌标志合一时，更应在同一性部位作规范化应用，然后辅以其他形象。有的只以品牌符号作立体的单纯化设计，而不作其辅助形的处理，着重突出主题基础符号。

图3-4　江苏天氏投资有限公司便签设计

图3-5　干白葡萄酒系列

图 3-6　红葡萄酒系列

图 3-7

图 3-8　安徽浦西湖旅游纪念品包装 / 设计：田健

图 3-9

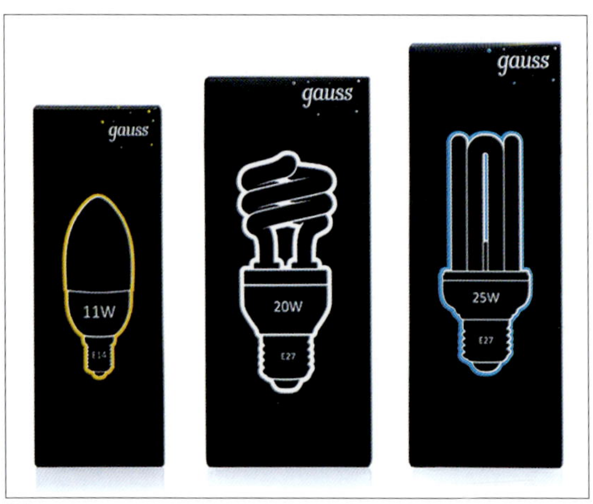

图 3-10

图 3-11

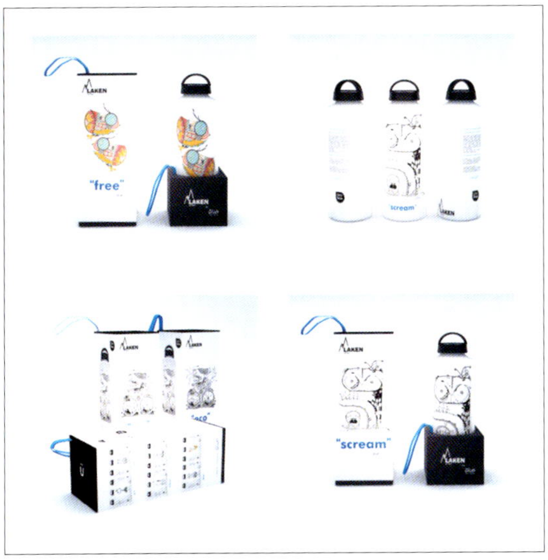

图 3-12

图 3-13

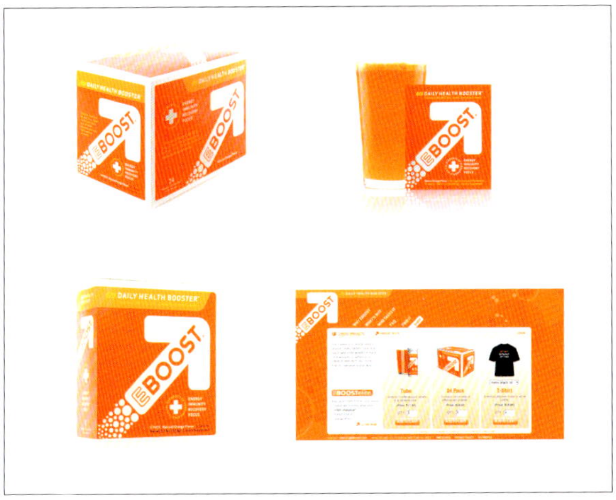

图 3-14

图 3-15

对于系列性包装物，可在利用辅助色或包装造型结构的变化上加以变化统一，但应该注意协调性和功能性。（图3-7至图3-15）

第四节　广告系列设计

广告是企业与消费者之间的沟通媒介。在CIS战略中，企业通过广告与消费者沟通占有很重要的位置。因此，广告活动已作为沟通活动所担负的作用巨大，尤其是导入广告和在此之前所进行的预备宣传，要耗费很大力量才能将开发的理念和轰动效应传达给社会。广告媒体项目主要包括电视、报纸、刊物、邮递品、海报招贴、路牌灯箱、霓虹灯、车体、建筑、各种公共场所及销售场所的环境载体等，对传播企业形象都有显著的作用。广告作为CIS中比较重要的设计项目，除了发表一些导入宣传外，还需将企业的新理念的设计系统向社会广泛传播，以增强公众对本企业新形象的认识度。

广告设计一般是将基础符号加以规范、系统化传达，其具体处理可根据广告需要的面积、位置、形态方面加以变化，也可以采用标准色与辅助色之间进行搭配使用，同时应当注意的是企业标志的放置应在画面适当位置并与标准字同步进行。

CIS基础符号在广告项目应用中主要有两类：一类是作广告整体中的规范部分；另一类是在机构形象广告或品牌形象广告中直接作为主体加以突显。另外，广告的设计格式、风格以及色彩系统应保持CIS识别系统的上下的连贯性、系列感。（图3-16）（图3-17）

第五节　报纸广告

报纸广告报纸是仅次于电视的最大也是最受重视的广告媒体之一，有发行量大、灵活多样、实效性、连续性、费用低等特点。

（1）开型：一般报纸分对开和四开，根据信息量各报社可自定每天印行的版面。在特殊情况下可出专刊、特刊或号外版。

（2）版位：从面积上说广告一般分整版、半版、1/4版、1/8版和分块广告。位置有刊头广告、刊尾广告、报缝广告、被白广告等。

（3）计价：报纸广告总的计价标准是以每平方厘米为单位。但在面积相同的情况下，以下几个因素会改变计价标准：级别高、影响大的报刊，报纸刊登广告的位置及版面，广告印刷的方法及色次等。

（4）报纸广告应选择适当的时机、适当的版面、适当的频率及以巧妙构思取胜。

图 3-16　安徽文成国际大酒店

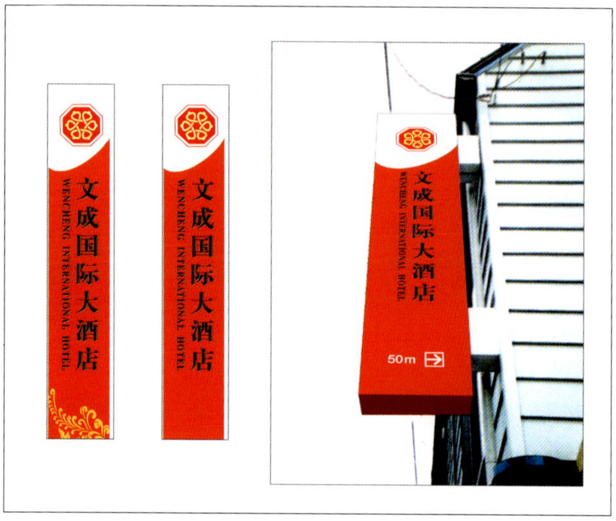

图 3-17　安徽芜湖百信医院

图 3-18

第六节　环境识别系列设计

环境识别是指企业环境的识别指示标志，如企业外观形象、企业标示牌、企业形象主牌、企业部门指示牌等，这些实际都是企业环境设计的载体项目。另外还有企业办公区内外的有关设备用品。如墙体、公用电话、灭火器材、门厅、会议室、接待室、陈列室、休息室、更衣室等内部环境，洗手间、出入口、餐厅及餐厅用品，车间及车间内区域、设备分布、停车场、楼层看板、电梯门、大环境区指示看板等等。设计师应根据企业环境的具体情况，对指示符号加以规范，这也是企业CIS识别系统的重要组成部分。企业一般善于利用公共设施和企业建筑物设立各种宣传设计，主要有企业名称标识牌。载体常见的是厂区建筑物外观、企业大门外观、办公环境、销售环境、生产车间环境、橱窗展示、店招、形象墙、接待台、展示陈列、纪念性建筑和指示标识等。

设计时主要是以基础系统中的要素组合为基础，组合所有标示、展示的内容，因地制宜并与周围环境相协调，达到简洁醒目的视觉效果。这种信息载体直接面对公众，因此设计时必须十分注重各要素应用时的规范性和精准性，以求得规划统一的企业形象。企业外部营销环境是面对市场大众直接的窗口，更不能轻视形象规范设计。例如门面、橱窗、户外海报、铺面环境中的顶部、墙面、地板、货柜、陈列架、陈列牌、销售区指示符号、休息区、收银台、展台、展版、指示符号，均要统一规范设计。

企业环境识别设计载体项目较多，应加以鲜明的企业形象规划，可促进员工的向心力和归属感。同时，也是CIS识别系统的重要组成部分。

对于企业而言，环境的规划建设对提升消费公众、对企业的信赖度与知名度，以及行销效率都有直接影响。因此在涉及环境形象的区域，均应对基础形象符号系列加以规范性应用，其中辅助色、象征形象和辅助造型要根据具体实际应用适当选择设计。如芜湖市建设投资公司、安徽华星化工股份有限公司、芜湖市商业银行等。一些企业机构在环境设计的部分项目中，就是运用企业辅助色，辅助图形与企业标志，项目内容文字搭配组合设计，以造成与整体识别系统的和谐性。（图3-18）

第七节　旗帜设计

企业旗帜设计一般分司旗、桌旗、竖旗、挂旗等种类，其样式较丰富，设计形式各异，它是企业对外立场形象，制造场面气象和感召力的重要形式之一。旗帜的设计一般是利用企业的标准色，将标志与名称等基本要素做充分展示。为增加旗面的层次，还可以添加一些辅助图案纹样，但只限于挂旗、竖旗。对于企业的司旗，办公桌上的桌旗一般不宜适用。为了便于读者了解旗类设计的一些必要的规则，下面作分类介绍。

（1）司旗

企业或机构一般都有一两面代表自己形象的旗帜，其称谓是根据企业性质而定。如公司称为“司旗”、商店称为“店旗”、学校称为“校旗”等。

司旗的规格，大型企业或机构一般使用旗帜规格为1400mm×960mm；中型企业或机构一般使用旗帜规格为960mm×640mm。

旗面使用材料一般为尼龙防水面料，以胶印工艺印制。如要求高质量旗帜材料，可采用特殊面料如水印工艺制作，也可以使用绣制工艺。司旗主要是悬挂在企业门前的特制专用旗杆上。

司旗设计：

司旗的设计要素主要为企业标志、企业名称、专用色彩。由于飘动的旗帜很难看清楚太多的细节，所以设计要求尽量简洁、明快、大效果强烈，一目了然，尤其要突出企业标志和专用色这两个核心要素。有些知名企业为了净化旗面，增强视觉冲击力，在旗面上只设计标志形象，整体效果大气、简洁、庄重。

（2）竖旗

竖旗是为烘托气氛而使用的旗帜。分形象旗和广告旗两类。广告旗是根据具体的广告主题来设计的，服务于具体的广告活动；形象旗则是常规用旗，在任何活动中都可与不同广告主题的广告旗一起使用，它的基本作用除了起到烘托场面气氛以外，还具有延续企业形象整体感和一致性的作用。

竖旗的宽度一般为750mm，长度可根据旗帜竖立的环境及具体需要而定。灯杆竖旗规格一般为750mm×1500mm。

竖旗的材料和印制工艺与司旗大体相同。

竖旗的使用场合主要是与企业相关的重要活动。如企业庆典、企业赞助、企业大型展览会、运动会等项目。使用环境主要是街道两侧的灯杆，在公园、广场四周也可设立。

竖旗设计：

竖旗与司旗设计基本上是一致的。由于大多数竖旗都是以固定的方式展开，整体层幅能够完全清楚地展现。如果有足够的位置，可以考虑加上企业宣传用语和企业精神以及理念等方面的内容，尽量做到语句简练。

竖旗的构图一般为竖构图，设计要素编排应与构图方向适应、协调。旗面上的图文组合、色彩运用不要有太大的层次变化，应与司旗的设计风格大体相同。

（3）桌旗

桌旗就是摆放在桌面上的旗帜。桌旗有人也称刀旗，因其摆放的形态模似刀形而得名。

桌旗的规格：

桌旗分为横竖两种构图。其横向参考规格为210mm×140mm，竖向参考规格为140mm×210mm。

桌旗的插放有所不同。横旗一般为斜插，似刀；竖棋为垂插，像帘。企业应根据不同环境适度摆放。

桌旗的面料一般要求硬挺，不必担心风吹雨淋，其制作的精致程度较高，所以大多企业采用水印工艺。有时也有纸面质的桌旗。

桌旗与司旗虽然尺寸不同，制作工艺也有所差异，但内容和样式基本上是一致的，可以说是司旗的微缩品。应该注意的是桌旗多为对式摆放，设计时既可以让两面旗帜完全一样，形成重复关系，同时也可以考虑对色彩进行正负调换以形成对比效果。

（4）吊旗

吊旗与竖棋一样，不是平时悬挂的旗帜，多半是在一些活动中为了活跃气氛、增加场面的热闹程度而悬挂的。尤其是商家在卖场内外、节庆期间、销售旺季更是需要用花样繁多的吊旗。

吊旗也分形象旗和广告旗两类。广告吊旗必须在具体的广告活动前，根据活动主题设计。形象吊旗要作为基础设计事先完成，在任何活动中与广告吊旗一并使用，这对于丰富视觉层次、强化企业形象宣传具有一定的效应。

吊旗的规格，可以按照正方形和矩形两种类型设计，具体尺寸要根据实际需要而定。矩形的比例按照黄金比即可，横竖构图均应考虑。除此之外，还有三角形、异形的吊旗样式。一般应根据实际的宣传需要，有选择地进行设计。

吊旗的材料大多采用纸面印制，也有个别采用布面印制。

吊旗设计要素与前面几类旗帜大体相同。由于吊旗的作用主要是为了活跃气氛，渲染空间层次效果。因此，设计风格可以适当活泼一些，但不能脱离基本的设计风格。

关于旗类的种类还很多。如奖旗，旌旗，条形挂旗，庆典旗，广告旗等，这些都是企业形象应用规划的实际项目。旗帜对于企业而言，它对内外公众都具有引导与凝聚的影响力，是CIS基础符号的有效载体。因此，在旗帜设计中要认真把握，灵活运用。（图3-19）（图

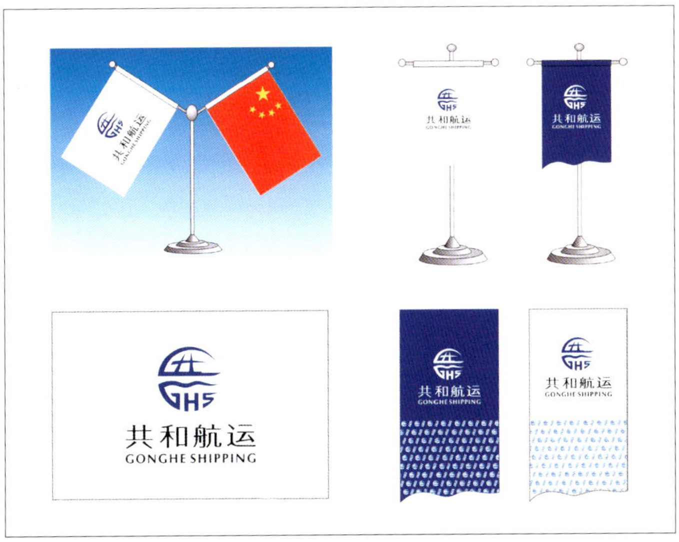

图 3-19

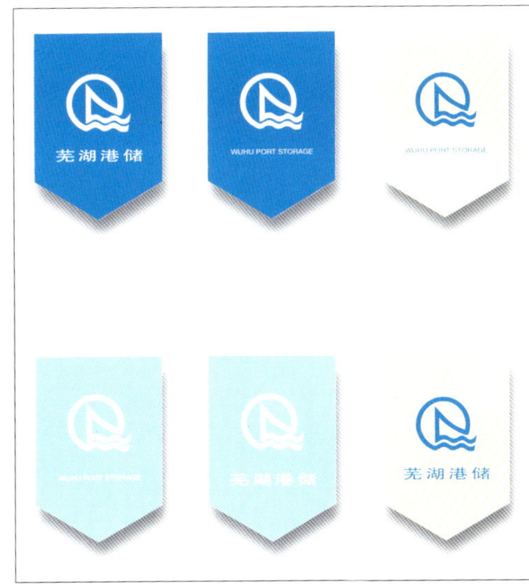

图 3-20

3-20）（图3-21）

第八节　车体系列设计

企业的交通工具每天流动于社会环境的各种场所，是企业形象的动态宣传工具。企业的管理部门、生产运输部门的轿车、客车、货车、集装箱车、宣传车、起重车、清洁车等，同时也包括船舶、飞机等这些都应列入企业形象系统的规划设计中。

车体设计一般同样要注意基础符号的一体化运用，既要追求更高的视觉认同和识别，又要保持与其他项目设计风格、形式的一致性和系列感。设计时，可根据企业单位的产业结构状况有针对性灵活设计。通常是以标志、标准字为设计主体内容，另外搭配一些辅助色、辅助图形等。总之，整体简洁、新颖、明快、易于识别是车体设计的基本要求。如果是大型企业，车体设计还应包括飞机、船只、大型运输汽车等各类交通工具的外观及相关机牌票据的设计。（图3-22至图3-25）

第九节　服饰系列设计

企业服饰在企业的同步管理、员工归属感、企业凝聚力，表示不同岗位，整洁视觉环境等方面都有不可忽视的作用。具体包括男女工作服、男女制服、宣传服、礼仪服、运动服、工作帽、工作鞋袜、手套、有企业标志的雨衣或伞、臂章、领带、领结、领巾、领带夹、手帕等。

在企业内部实行统一着装，是使员工产生归属感的一种有效手段，同时也便于管理，并为企业带来整齐一致的视觉效果。一些企业员工由于所在企业在社会中有良好的正面形象，会以穿着其统一的制服为荣，这种例子是不鲜见的。

员工的服装应视其工作性质、工作岗位制定不同的样式，选用不同的面料，不能一概而论。服装造型也要符合员工的工作身份和实际需要，同时也要考虑服装款式的流行趋势和色彩的协调搭配。另外，除衣裤外，还有鞋帽、手套、领巾、领带等随身佩饰物件，也要一并

图 3-21

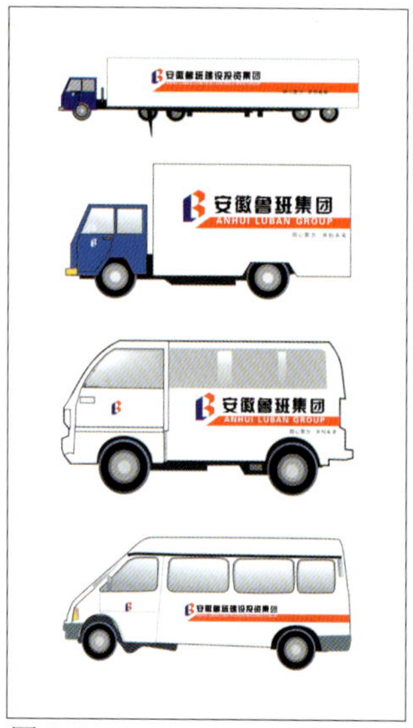

图 3-22

图 3-23

图 3-24

图 3-25

设计。应当注意的是，企业服装系列设计，不可一味追求漂亮好看，要着重考虑工作的实际便利与制作成本，特别是企业形象的统一传达至关重要。服装设计有时为了企业管理需要，可根据工作的不同岗位对款式作必要的区分，主要有以下几种：

（1）办公服

办公服属于企业行政办公人员的统一服装。大多采用流行的西服样式。面料以毛涤为主，色彩以黑灰、蓝灰和灰色为主，主要显示端庄、沉稳、成熟，适合于办公人员的职业和环境气氛。办公服一般是指企业内部管理人员的服装，作为VI系统中有关职员形象的识别要素能够传递企业的种种信息，诸如经济实力、经营状况、精神面貌、经营水平等等，利于企业整体形象的统一。办公服设计要符合管理工作的特点，以稳重为主，按照不同的季节可分为春秋装、夏装和冬装。

办公服的色彩设计一般以企业标准色或辅助色为

主，并充分利用服饰色彩发挥企业内部的“色彩管理”作用，比如高级管理员宜采用较沉稳的、低明度、低纯度的色彩，藉以体现高层管理人员的智慧与地位；中层人员宜采用趋向明快和活泼的色彩，可在局部镶色，以彰显训练有素和有条不紊；一般工作人员则色彩鲜明，标示明显的岗位特征。形形色色的制服色彩可清晰地表明人员的职务岗位，便于内部有序管理。

①材料：服装的材料为面料和辅料。考虑制服会反映一个企业的精神面貌和整体形象，通常要考虑面料的挺括、耐洗及穿着舒适，所以就目前的纺织工艺水平而言，大都采用天然纤维与人造纤维混纺的面料，当然由于工种行业和预算的不同，对面料都会提出不同的具体要求。

②办公服的造型款式：造型款式的设计空间不是很大，相反，都较偏重局部细节的设计，其设计重点主要在制服的轮廓，而结构变化主要是在门襟、领位、开缝、省道、褶裥、口袋、纽扣等处。

③办公服的使用要素：主要有标志、标准字体、企业造型、辅助图案等基本要素以及标语口号都可以巧妙地装饰在制服的脸口、袋边、背后、裤缝、袖缝及配饰的帽徽、胸卡（徽）、肩章、领带（领结、领花、领巾、围巾）、腰带（腰封）、纽扣等处，设计手法有镶、嵌、绣、补、滚、烫、印及作为图案和佩戴等。当然，在进行设计时还要考虑融入流行、贴近时尚，体现时代特征，表现企业特色等因素。（图3-26）

（2）工装

工装主要是根据工种类别和性质设计。工装材料也随之有所变化。如车间里的工人、商店里的销售员、酒楼里的待客生、建筑工地的施工者，他们所处的环境和作业内容大不相同，因此要区别设计。一般工装的设计要顾及穿着者是否便于操作、耐脏、耐磨。除此之外为了强化企业形象，工装的设计还要突出企业的个性和文化品位。

工装的材料选择大多为化纤、卡其布、牛仔布等。工装的色彩多为深色，这主要考虑到易洗和特殊的工作环境而选择的。

（3）礼服

礼服主要用于企业的庆典、公益集会等重要活动场所。礼服的设计，男式一般要求庄重、典雅、简洁，女士要求色彩单纯、典雅、华贵，富有节日气氛。总之要适合相应的环境气氛是礼服设计的基本特征。（图3-27）

（4）饰物

饰物的种类主要有帽子、领带、领结、丝巾、别针、领带夹、扣子等。饰物大小不一，材料各异，设计时要根据实际情况选用不同的视觉要素。如领带、领结、丝巾等多以企业的象征纹样为主要表现对象，而扣子、领带夹、别针等由于设计面积较小，则以单独的企业标志性位置为主，其颜色的搭配一般也比较简单。

图 3-26

图 3-27

（5）T恤

在服饰设计中，企业在员工的服装整体设计上有时是从里到外，一年四季都要作全面考虑。许多企业都喜爱以文化衫作为统一着装，价廉物美又舒适。T恤多以针织面料为主，设计形式较为活泼。

图案设计多为企业标志、吉祥物和一些简单的文字等。有时为了美观和宣传的需要，有的企业也特定将象征纹样作为装饰图案印在T恤上，可谓一举两得，很受员工喜爱。

T恤的加工方式是以丝网印、绣制为主。（图3-28）

（6）雨具

雨具主要包括雨披、雨伞。雨披的前后两面均可作为设计位置。设计要素应集中于前后面中心偏上的位置，这样在穿着后容易将企业形象要素显露出来。

雨伞设计有时可运用色块对比产生阴阳图形效果，可起到丰富画面层次的效果。（图3-29）

课后思考与练习：

1.组织学生进行市场调查，充分了解企业理念、形象标志与系统之间的关系。

2.机构形象VI设计，基础项目5项，应用项目40项左右，电脑制作（教师出题或学生自定），教师应注重对标志、标准色、标准字、企业象征造型（辅助图形）及基本要素组合规范设计的检查辅导。

图 3-28

图 3-29

第四章

VI手册编制及案例欣赏

企业形象设计手册不仅决定了今后企业对外的识别形象，也是实际操作时的依据标准，并作为企业的商品性、系统性的知识财富和无形资产，以统一的规范格式记录“CIS系统规范手册”（Corporate Identity Manual，简称CIM）。CI手册的编制事实上是对整个策划、设计工作的总结，它的编制严谨复杂，全面细致，须做到以下几点：

其一，严谨性：对手册中的各个设计项目要制作精确，严格限定，如对标志的大小、正负、外框等各种可能出现的变化加以限制。有些较严格的手册对标准字、标志及辅助图形的编排组合会提供几十种变化方案及错误组合，让使用者避免犯类似的错误，以确保在实际应用中不走形不走样。

其二，可行性：手册要便于理解和操作，文字说明要简单易懂，一些细节问题要仔细阐述，图形文字的尺寸比例注解要详尽周密，曲线要标注各自的圆心点，色彩要标明印刷色标并附色样，对复制材料和工艺要有具体规定，可随册附带标准的色标图文例或一些辅助工具，方便使用者直接取用操作。

其三，系统完整性：手册要系统完整，适应企业在实施VI设计项目过程中各个环节和场合的具体要求。如安徽华星化工集团有限公司CI手册就有几百册，详尽地规范了各种应用系统。

在企业形象手册的内容编辑中，需要根据企业经营的内容与服务的性质来决定其项目和容量，如生产、促销、服务、联络等直接和间接的个人接触，广告与其他媒介传播的大众接触，人事组织结构、历史和营业地域范围等，CI开发计划的大小与实施程度都与之成正比。另外，任何事物都处在发展与变化之中，考虑企业投入巨资开发和导入实施CI系统的时效性，在制定手册时，可适当延展，供日后添加新的项目和内容。

随着科技的发展与应用，如今CI手册有印刷手册与电子手册两种，其中电子手册以电子数据光盘和网站网络传播两种方式并存。一般VI在整体设计过程中，应保持与委托方的充分沟通，为完善基础形象的开发及应用项目设计规划而共同努力。在此期间，双方都应认真听取对方的意见，不断修改完善，直到设计的最后完成。CIS视觉识别系统VI是个涉及面层广，比较细化的设计项目。为了方便和确保企业形象的贯彻推广和标准化管理，应编辑制定想象识别规范手册。手册的编制、印刷应根据企业的实际使用需要进行版式、开本的制定，内容一般为：

1.封面设计
2.版式编排
3.总目录
4.手册使用说明
5.企业或相关领导致言
6.基础符号系统
7.应用项目系统
8.后记文案

VI手册的设计部分一般要求规范、细化、明确和方便使用。一般基础部分包括标志、标准色、辅助色、标准字及组合规范。标志包括彩图、黑白图、反白图、线稿、方格坐标图、最小尺寸稿及标志释义文案等。这些内容应分几页编排设计。

标准色页应包括主色、辅助色、色彩标号及色彩释义文案。

标准字页内容包括中文全称字、简称字、广告字、广告标题字、企业文案、企业精神口号及品牌字体等，可分页细化编排。企业名称与简称字及品牌字体虽有电子文件，但为方便放大使用还应作方格应用稿并适当增加标注释义。

组合栏式页包括标志、字体、辅助纹样、辅助图形等各种相互组合的栏式，编排应根据审美的需要准确标明比例数据，并需详细的文案说明。

象征形象页应包括彩稿、黑白稿、方格稿、线稿并加以说明。

辅助造型页包括单形、条形、底纹形及必要的黑白稿。

VI应用系统应根据企业的实际需要规划若干系列，分别编排不同页面。各系列又要按不同项目分别制定模式图样。同时，在企业以后实际贯彻的较长时

图4-1　设计：广州元龙广告设计公司

间里，可能还要根据推广的具体情况，加以补充或修改其中的某些项目，但应该注意保持整体相对的稳定性和系统化特征。

CIS识别系统规划是对企业无形资产的有形管理。企业内外的识别功能、沟通功能，也是实际活动中，应充分认识形象力的提升和装备对企业集团的品牌战略意义深远。但同时也应该意识到，企业的发展和壮大自然不仅仅是依靠形象力，还要企业的综合经营实力和不断开拓的创新精神。（图4-1）

课后思考与练习：

1.编制VI手册的意义有哪些?

2.选择一种装订形式制作一本VIS手册。

3.CIS对企业品牌的打造有哪些积极影响?

4.你怎样看待品牌价值?

案例1.安徽鑫源达有色金属材料有限公司企业视觉识别系统部分项目（图4-2）（图4-3）（图4-4）（图4-5）

案例2.安徽鲁班集团企业视觉识别系统（图4-6）（图4-7）

案例3.安徽共和航运股份有限公司（图4-8）

案例4.江苏天氏投资有限公司企业视觉识别系统（图4-9）

案例5.安徽省教育招生考试院视觉识别系统（图4-10）

案例6.芜湖市盲人学校识别（图4-11）

案例7.安徽文成国际大酒店识别（图4-12）

案例8.洛可可烘焙（图4-13）

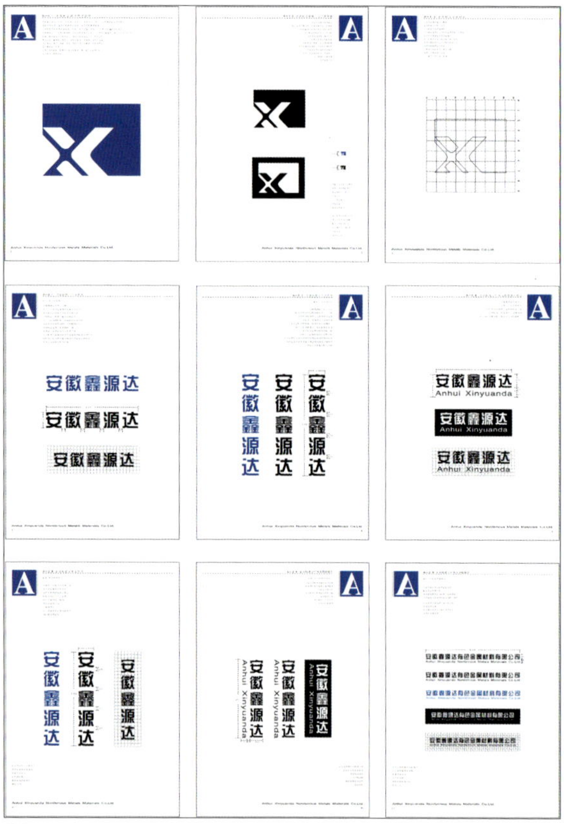

图 4-2

图 4-3

图 4-4

图 4-5

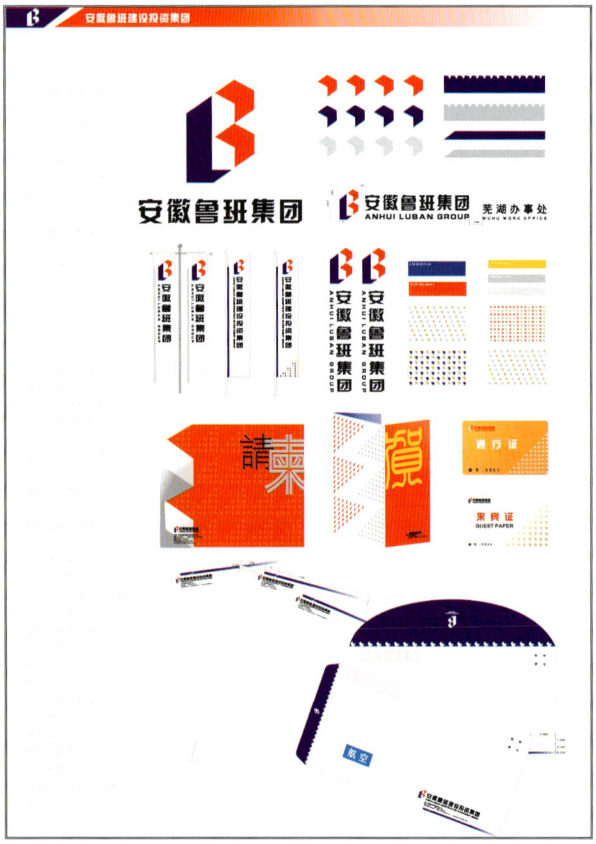

图4-6　设计：田恒权

图4-7　设计：田恒权

图4-8　设计：田健

图 4-9　设计：田恒权

图 4-10　设计：田恒权

芜湖市盲人学校
WUHU SCHOOL FOR THE BLIND
1979
2010
席　　卡
校长室
Headmaster's Office
会议室
Meetting ROOM
入口
IN
P
请向前
FOR WARD
3F
自强
自尊
自信
自立

图4-11　设计：田健

图4-12　设计：田恒权、田健

图4-13　设计：田恒权、田健

学生作品

（图5-1/设计：崔怀常）（图5-2/设计：叶文玉）（图5-3/设计：鹿端端）（图5-4/设计：杨潇）（图5-5/设计：丁玲）（图5-6/设计：胡艳芹）（图5-7/设计：孟美菊）（图5-8/设计：张晶）（图5-9/设计：夏燕）（图5-10/设计：吴秀凤）（图5-11/设计：章敬丽）（图5-12/设计：叶文玉）（图5-13/设计：蔡露露）（图5-14/设计：李小亮）（图5-15/设计：杨潇）（图5-16/设计：江雨）（图5-17/设计：韩静）（图5-18/设计：郑婷婷）（图5-19/设计：许体江）（图5-20/设计：卢丽娟）（图5-21/设计：王德云）（图5-22/设计：薛清）

图 5-1　设计：崔怀常

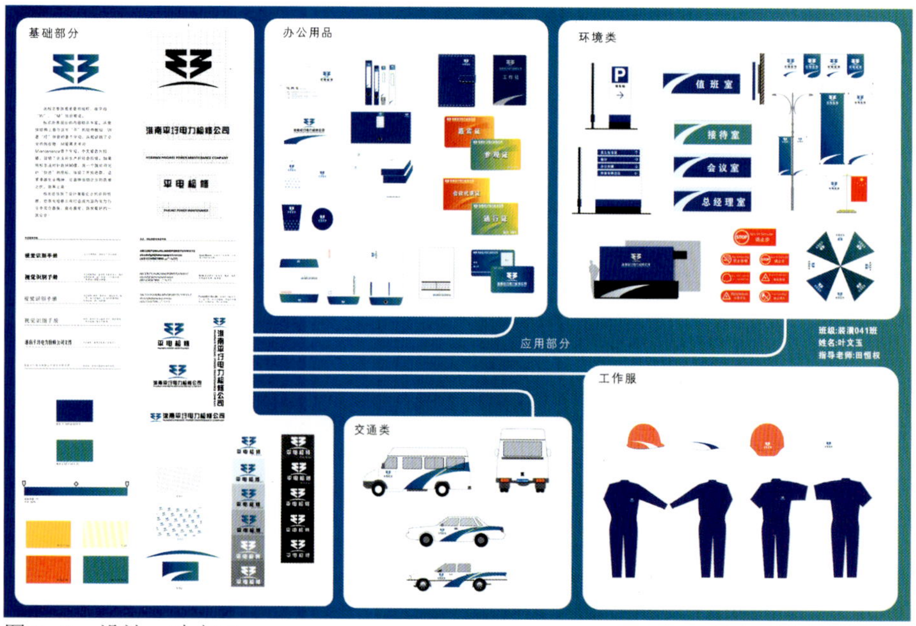

图 5-2 设计：叶文玉

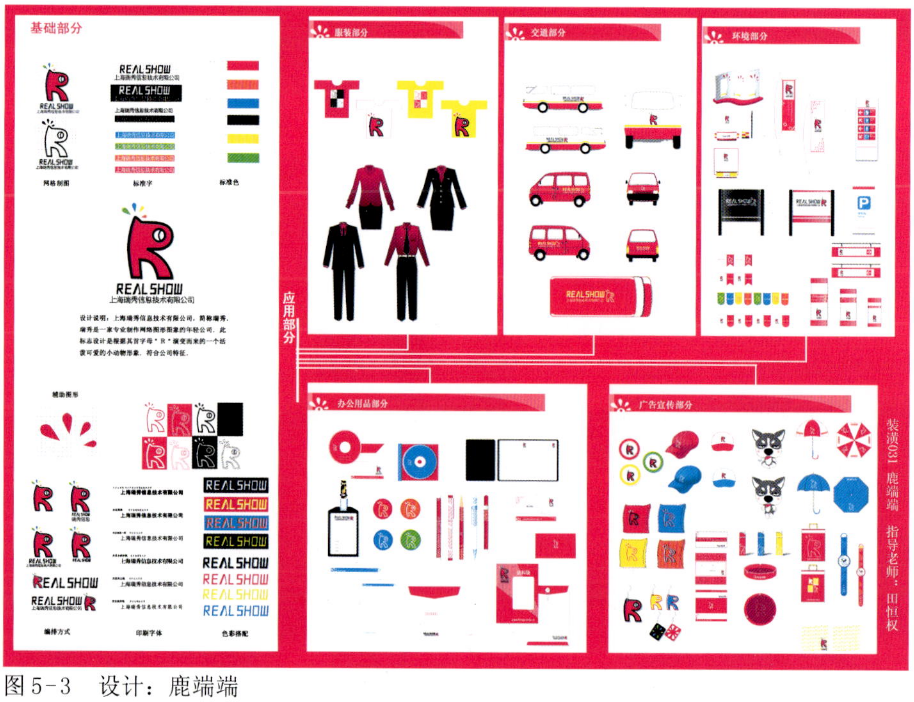

图 5-3 设计：鹿端端

图 5-4　设计：杨潇

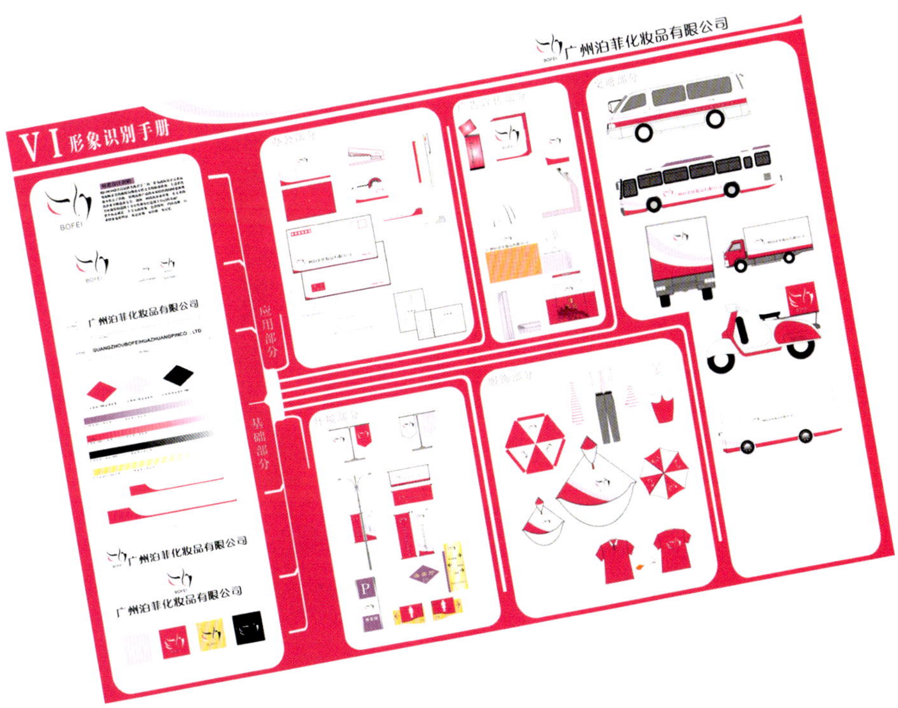

图 5-5　设计：丁玲

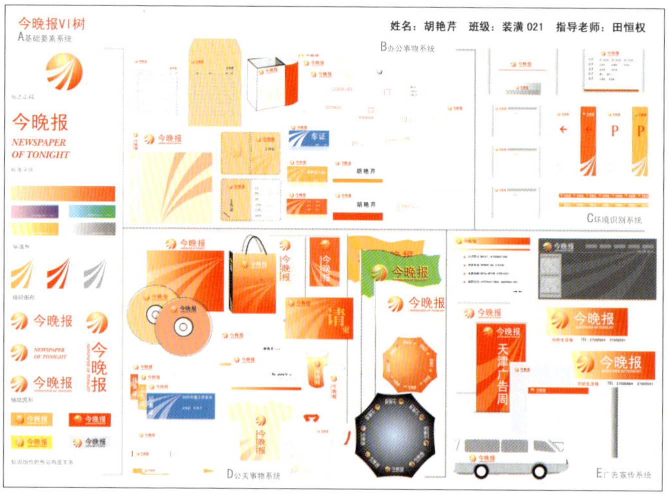

图 5-6　设计：胡艳芹

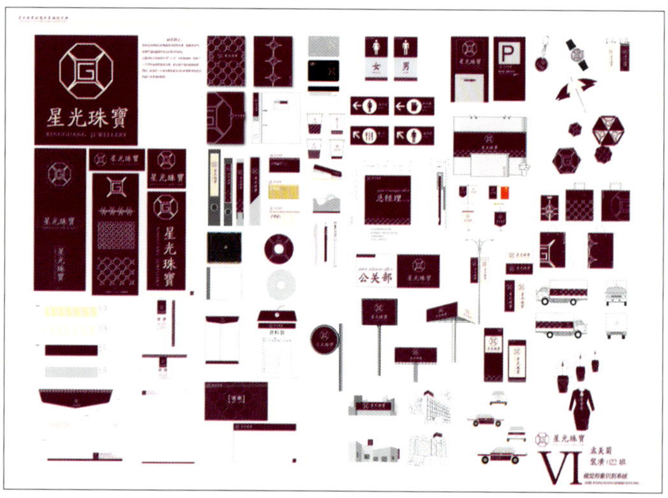

图 5-7　设计：孟美菊

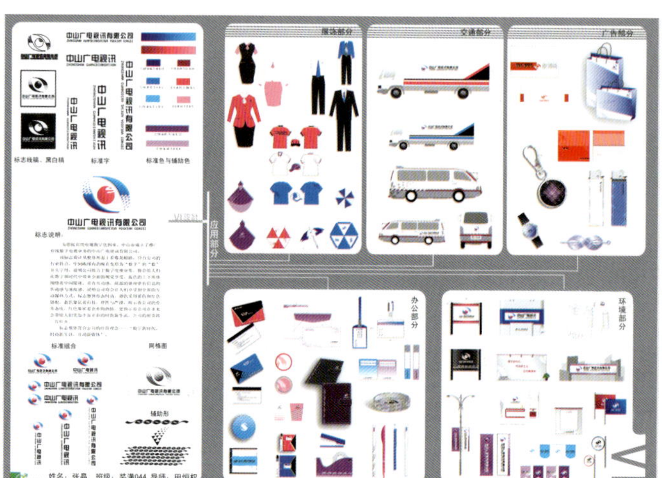

图 5-8　设计：张晶

图5-9　设计：夏燕

图5-10　设计：吴秀凤

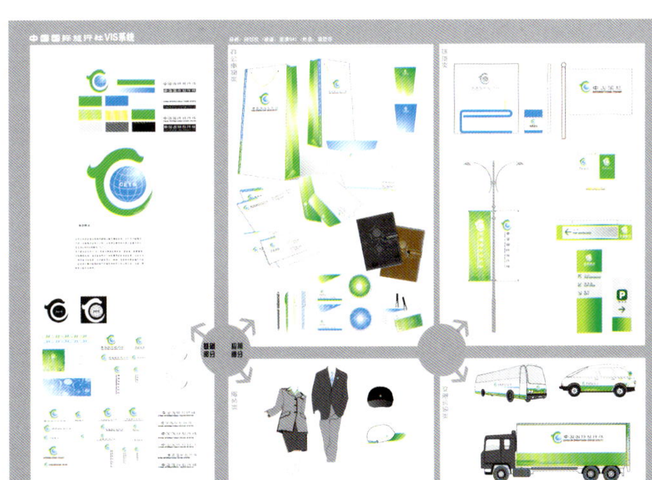

图5-11　设计：章敬丽

图 5-12　设计：叶文玉

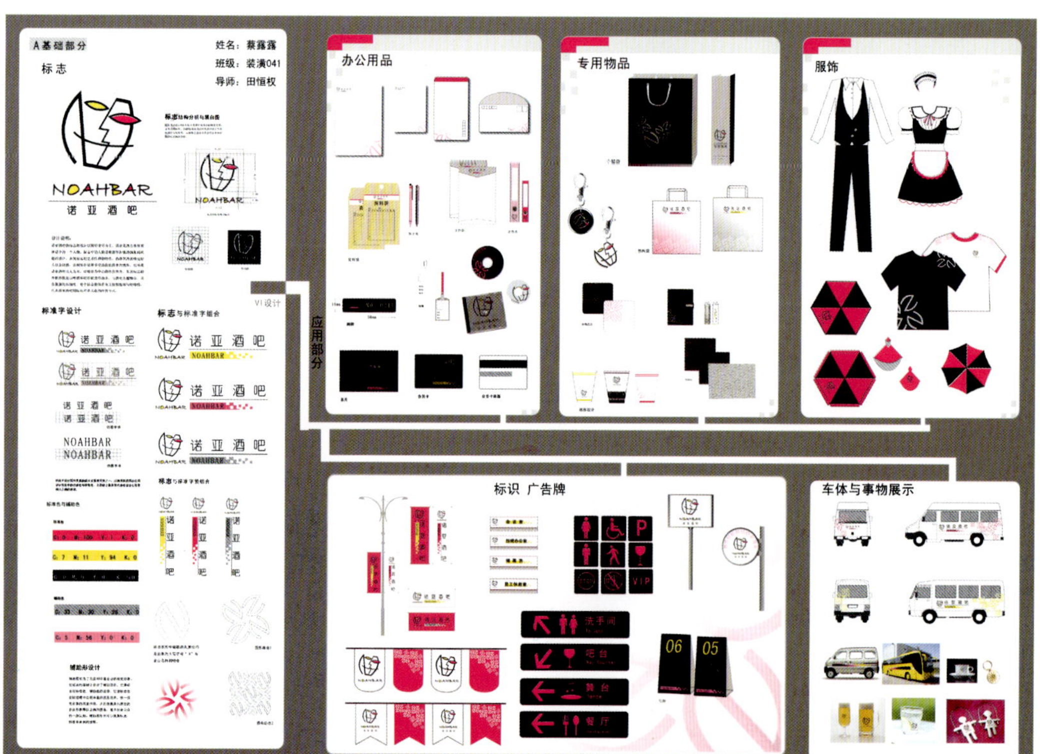

图 5-13　设计：蔡露露

图 5-14　设计：李小亮

图 5-15　设计：杨潇

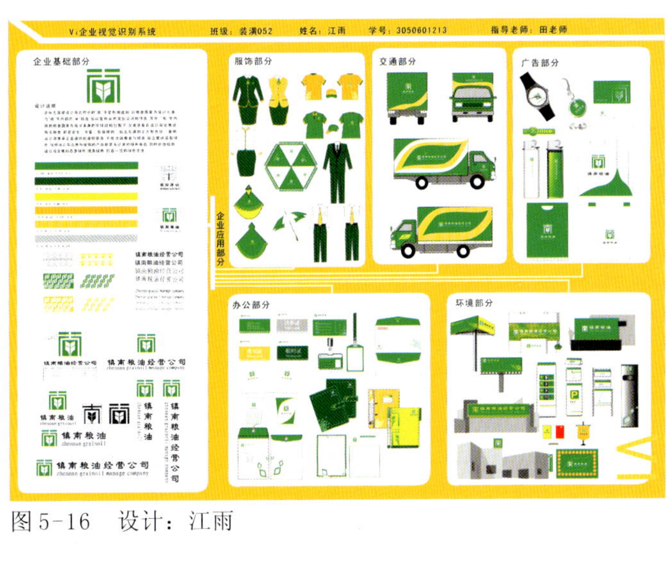

图 5-16　设计：江雨

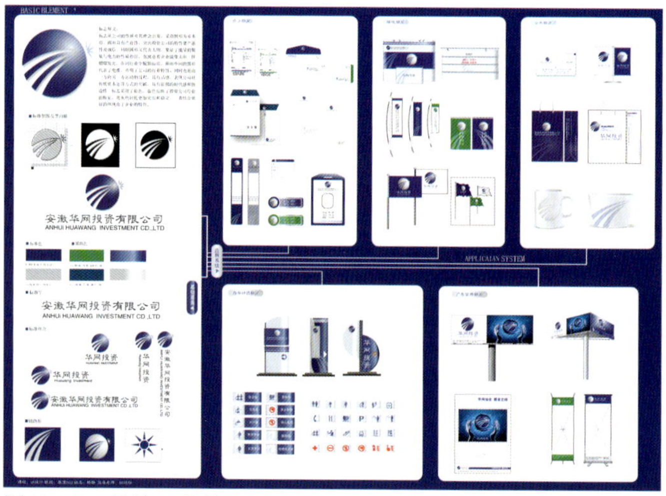

图5-17　设计：韩静

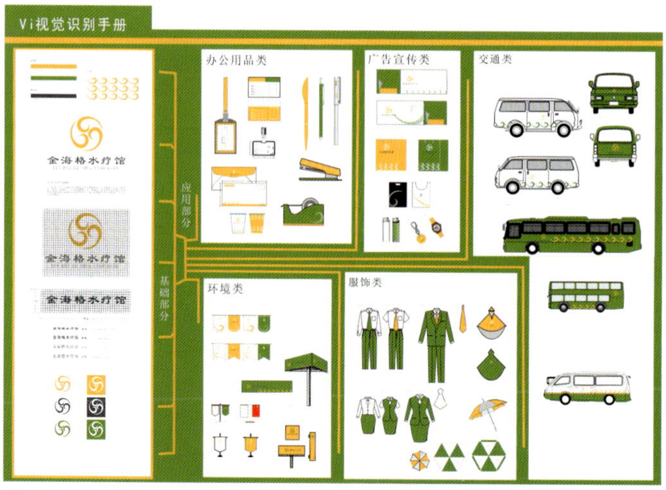

图5-18　设计：郑婷婷

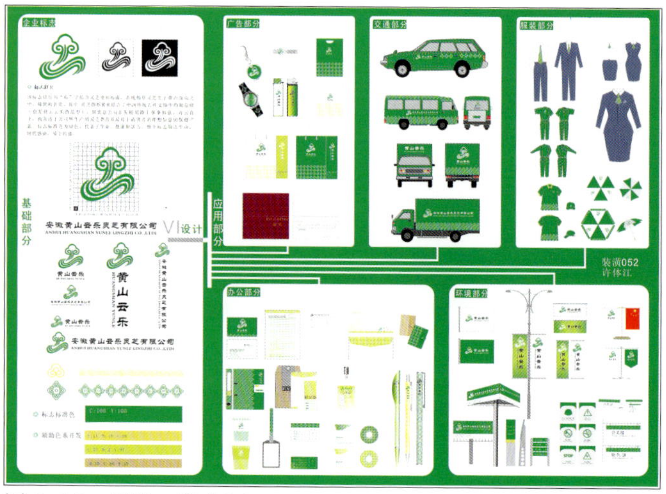

图5-19　设计：许体江

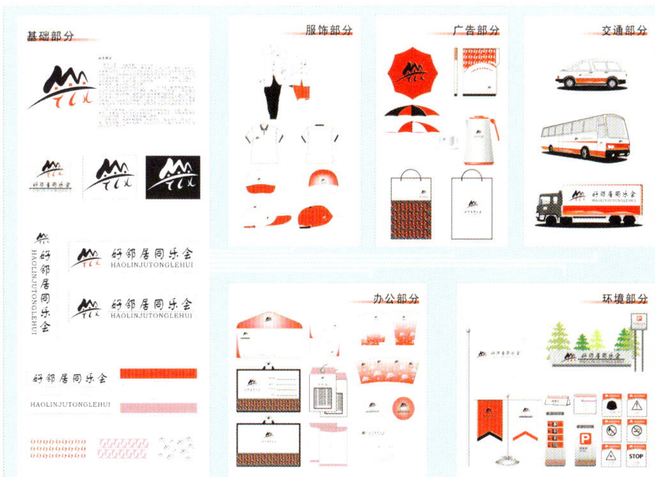

图5-20　设计：卢丽娟

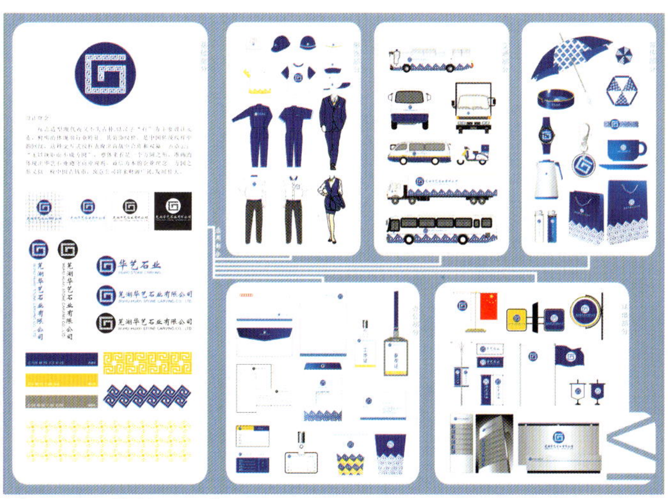

图5-21　设计：王德云

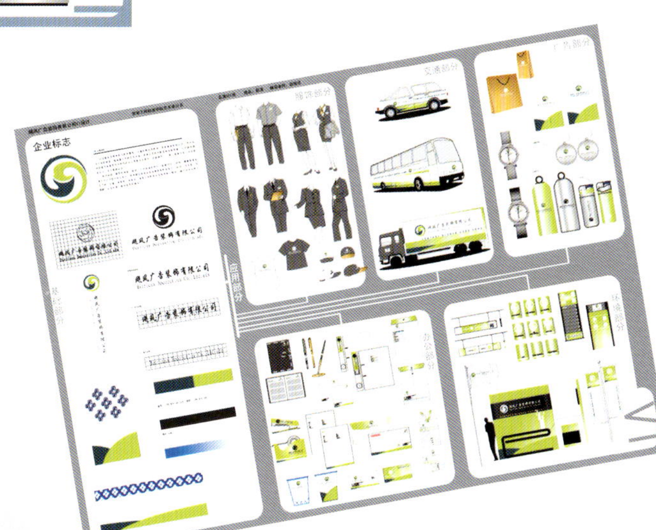

图5-22　设计：薛清

参考文献

1. 王国伦，华健心，高中羽编著.平面设计.武汉：湖北美术出版社，2001
2. 吴为善，陈海燕，陆婷编著.企业识别：CI的策划和设计.上海：上海美术出版社，2005
3. 张建辛，荆雷编著.CI战略的教学与设计.石家庄：河北美术出版社，2000